VIDA em
AÇÃO!

FERNANDO ESPUELAS

VIDA em AÇÃO!

12 PRINCÍPIOS DE FELICIDADE E SUCESSO

Tradução
Mônica Kalil e Cláudia Pinho

CIP-BRASIL. CATALOGAÇÃO-NA-FONTE
SINDICATO NACIONAL DOS EDITORES DE LIVROS, RJ.

E79v

Espuelas, Fernando, 1966–
    Vida em ação!: 12 princípios de felicidade e sucesso/Fernando Espuelas; tradução de Mônica Kalil e Cláudia Pinho. – Rio de Janeiro: Best Seller, 2006
    Tradução de: Life in action
    ISBN 85-7684-092-8

    1. Auto-realização (Psicologia). 2. Motivação (Psicologia). I. Título.

05-3613   CDD 158.1
                CDU 159.947

Título original norte-americano
LIFE IN ACTION
Copyright © 2004 by VOY, LLC

Capa adaptada: Sérgio Campante
Editoração eletrônica: Futura

Todos os direitos reservados. Proibida a reprodução,
no todo ou em parte, sem autorização prévia por escrito da editora,
sejam quais forem os meios empregados.

Direitos exclusivos de publicação em língua portuguesa para o Brasil
adquiridos pela
EDITORA BEST SELLER LTDA.
Rua Argentina, 171, parte, São Cristóvão
Rio de Janeiro, RJ — 20921-380
que se reserva a propriedade literária desta tradução.

Impresso no Brasil

ISBN 85-7684-092-8

Ao amor de minha vida,
Ann Clark Espuelas

Meu conselheiro, Jorge Etchepare, foi fonte de inspiração direta para este livro. Como um pai, guiou-me pelos desafios, oportunidades e caminhos difíceis. *Muchas gracias*, querido amigo. Sou grato à minha mãe, Martha Asenjo, que fez com que esta viagem fosse possível. As contribuições de Brian Field, Ken Siman, Brian Stauffer e John Strausbaugh são evidentes no decorrer do livro. A dedicação incansável de cada um permitiu que este projeto se tornasse realidade. Sou eternamente grato.

Sumário

INTRODUÇÃO: VOY   13

1. PRIMEIRO PRINCÍPIO:
   Defina felicidade e sucesso   43
2. SEGUNDO PRINCÍPIO:
   Estabeleça objetivos e seja flexível   70
3. TERCEIRO PRINCÍPIO:
   Busque oportunidades   98
4. QUARTO PRINCÍPIO:
   Desconstrua o futuro   112
5. QUINTO PRINCÍPIO:
   Faça valer sua visão   125
6. SEXTO PRINCÍPIO:
   Projete e transforme   141
7. SÉTIMO PRINCÍPIO:
   Seja persistente   158
8. OITAVO PRINCÍPIO:
   Seja corajoso   171
9. NONO PRINCÍPIO:
   Seja digno   184
10. DÉCIMO PRINCÍPIO:
    Integre corpo, mente e espírito   199

11. DÉCIMO PRIMEIRO PRINCÍPIO:
        Cumpra sua tarefa na comunidade   213

12. DÉCIMO SEGUNDO PRINCÍPIO:
        Seja humilde   229

POSFÁCIO   245

SOBRE O AUTOR   247

Nunca, nunca, nunca se renda.

— Winston Churchill

Introdução

VOY

VOY, termo em espanhol que em português significa "vou".

Para mim — e espero que em breve para você também — VOY é mais que uma simples palavra. É uma declaração de vida em ação.

A vida é uma viagem. Você pode ser um passageiro, e aceitar passivamente o que cada dia traz consigo, ou ser um explorador ativo, seguir sua própria visão e criar sua própria felicidade e sucesso. Ao viver os 12 princípios da VOY que descrevo neste livro, você estará a caminho da auto-realização. Isso significa fazer uma distinção entre seus sonhos verdadeiros e suas fantasias infantis, entre seus sonhos reais e suas expectativas sociais. A partir daí, você visualizará e perseguirá seus sonhos, utilizando o poder do otimismo e da convicção vibrante que existe em você para superar quaisquer obstáculos que surjam em seu caminho. Você perceberá que não há um futuro predeterminado, verá que você cria seu futuro dia a dia. Você alcançará o que visualizou. Irá se tornar um ser humano feliz e bem-sucedido e uma pessoa engajada em sua comunidade.

O QUE É O SUCESSO PARA VOCÊ? Como você o conquista? O sucesso de cada um é algo muito pessoal. Um novo emprego? Um novo negócio? Talvez um relacionamento melhor com sua família?

Todos temos aspirações, no entanto, há uma diferença enorme entre aqueles que têm "um punhado de sonhos" e aqueles que transformam seus sonhos em realidade e modificam sua vida para melhor. Quero ajudá-lo a se tornar um desses auto-realizadores.

Você pode. Mesmo que seja pobre, tenha ou não freqüentado os melhores colégios ou esteja preso a um emprego ou situação de vida que parecem paralisá-lo. É hora de perceber que nada pode realmente deter você. Só você mesmo pode impedir que seu objetivo verdadeiro seja alcançado. Podem surgir muitos obstáculos a serem enfrentados, mas não é exatamente isso que significa estar vivo? Em um país como os Estados Unidos, repleto de oportunidades, recursos e liberdade, não há desculpas, apenas desafios. E o que seria da vida sem os desafios?

Discutiremos tudo isso mais detalhadamente nos próximos capítulos. Mas, antes disso, você deve estar se perguntando:

Quem é Fernando Espuelas? Como ele sabe quais desafios estou enfrentando?

Bem, cheguei aos Estados Unidos literalmente sem nada. Não sabia nem mesmo falar o idioma. Minha mãe lavava banheiros e o dinheiro mal dava para sobrevivermos. Desde muito pequeno, no entanto, recusei-me a deixar que essa situação me paralisasse. Tornei-me um empresário multimilionário famoso e bem-sucedido antes dos 35 anos. Fundei várias empresas inovadoras e extremamente bem-sucedidas que modificaram, para melhor, o direcionamento da América Latina e do mundo. Sei o que significa começar do nada, tendo apenas sonhos e, transformar esses sonhos em sucesso de verdade.

Também sei o que significa enfrentar o fracasso, sentir-se como se alguém lhe tivesse tirado o chão onde pisa, parecer um idiota. Por experiência própria, sei não apenas o que significa ganhar milhões de dólares, mas também — e talvez isso seja ainda mais importante — o que significa perdê-los. Da mesma forma, sei o que faz uma pessoa levantar-se após uma perda como essa e dedicar-se a alcançar um sucesso ainda maior em seguida.

Contarei minha história a você.

NASCI EM MONTEVIDÉU, no Uruguai, em 1966. Os primeiros anos de minha infância foram agradáveis: vivia em uma bela casa de classe média alta. Meu pai, Carlos, era um empreendedor que se fez sozinho, que batalhou e conquistou uma carreira bem-sucedida no setor imobiliário. Minha mãe, Martha, era uma típica dona de casa uruguaia, dividida entre os afazeres domésticos e minha educação — fui seu único filho. Tenho lembranças maravilhosas de meus primeiros anos com meus pais. Naquele tempo, por exemplo, quase todos os sábados à noite eles ofereciam festas regadas a requintados coquetéis e embaladas por música. Alguns casais vinham a nossa casa, e lá se divertiam ao som do Tijuana Brass na vitrola, bebendo uísque e vinho e saboreando canapés. Meus pais e seus convidados dançavam horas a fio.

Freqüentei uma das escolas particulares mais renomadas do Uruguai. A escola adotava um regime disciplinar incomum — tínhamos um relatório diário que nos avaliava em tudo, desde matemática até se ficávamos em linha reta na fila. Eu era um aluno acima da média, mas não um destaque, e no início da primeira série comecei a ficar fascinado por história. Meu tio Raul, um leitor voraz, alimentou meu interesse lendo livros de história para mim. As horas que passamos juntos mapeando as viagens de Colombo em seu atlas selaram meu amor pelo tema.

Quando tinha oito anos, no entanto, minha família estava um caos — lembro-me da crueldade de meu pai com minha mãe. Foi quando passaram por um terrível processo de divórcio. Minha mãe queria ficar o mais distante possível de meu pai, tão distante que resolveu mudar radicalmente sua vida — e a minha também. Ela nunca havia tido um emprego em horário integral e estudara pouco. Não tinha muitas opções, mas se deixou levar pelo desespero. Alguns de seus primos moravam nos Estados Unidos e nos enviaram as passagens para que pudéssemos sair do Uruguai. Ela juntou então 100 dólares e partimos para Nova York.

Estávamos em 1976 e eu tinha nove anos e meio. Não falava sequer uma palavra em inglês. Tudo era novo para mim. Os primos de minha mãe viviam na casa de uma senhora rica em Greenwich, Connecticut, onde eram empregados domésticos. Essa foi minha primeira experiência como hóspede, nem sempre muito bem-vindo, na casa de parentes. Eles eram imigrantes pobres que lutavam muito e que dividiam a casa com a numerosa família, situação pela qual tantos latino-americanos já passaram nos Estados Unidos. Mal chegamos e minha mãe começou a procurar trabalho. Foi uma experiência dolorosa para ela. Havia deixado para trás uma vida confortável. Contava com uma empregada que a ajudava nas tarefas domésticas, além de meu pai, que na época tinha um Jaguar. Deixou tudo isso e foi trabalhar em uma confecção de roupas durante todo o dia, e, à noite, conseguiu um emprego de faxineira em um edifício comercial. Sentia saudades do Uruguai.

Passei por várias escolas públicas conforme mudávamos de um apartamento para outro. Na primeira escola que freqüentei não havia sequer uma alma que falasse espanhol. E eu não sabia nada de inglês. Aprendi a me comunicar graças a minha facilidade com a matemática — um jeito de mostrar que, apesar de não saber falar inglês, não era um idiota. Por sorte, nas outras escolas onde estudei houve pelo menos um professor que se interessasse por mim. Foram esses professores que me ajudaram e me ensinaram rapidamente a ler e escrever em inglês, o que me deu a sensação de pertencer àquele lugar. Até hoje me lembro da satisfação que senti quando fui chamado para ser guarda da escola. Peguei o pequeno distintivo e o usei com o maior orgulho.

Tudo em Greenwich era diferente do que eu estava acostumado. Em Montevidéu, vivíamos em um ambiente totalmente urbano. Greenwich me parecia uma cidade de interior. Em um dia frio de inverno, ia para casa quando virei à esquerda ao invés de seguir o caminho certo, à direita; me perdi totalmente. Bati em uma casa. Não sei como esperava me comunicar com os moradores, o que não fez diferença, pois apenas me espiaram, desconfiados, por uma janela lateral e não abriram a porta. Bati na seguinte casa seguinte e falei em espanhol com uma senhora. Mesmo sendo inverno, ela não me deixou entrar; em vez disso, chamou a polícia. Uma viatura chegou e me levou para casa. Apontando e gesticulando, consegui fazê-los entender onde eu morava.

Por fim, minha mãe conseguiu alugar um apartamento simples, onde passamos a viver apenas nós dois. No verão entre a quarta e quinta séries, ela juntou dinheiro para comprar nossa primeira televisão, em preto-e-branco, usada. Passei o verão inteiro na frente da tevê, e aprendi muito inglês dessa maneira — entre meus programas favoritos estavam *The MacNeil-Lehrer Report* e *French Chef*, de Julia Child. Ouvia uma mesma palavra repetida em contextos diferentes e em programas diferentes e me perguntava: "Que palavra é essa? Que palavra é essa?" As coisas começaram a fazer sentido para mim.

Na quinta série também agia na escola de modo um tanto... diferente. Continuei me dedicando a aprender inglês, mas comecei também a pensar em ganhar dinheiro. Tentei descobrir como poderia abrir um negócio. Consegui que alguns de meus amigos investissem em um empreendimento meu; distribuí entre eles certificados de minha nova empresa e usei o dinheiro que recebi para abrir um "banco". Acho que comecei com mais ou menos 30 dólares. Emprestei esse dinheiro a outros garotos, com juros. Ganhei cerca de 50 dólares com isso, uma fortuna para mim naquela época. Também "fundei" uma seguradora: segurávamos livros, borrachas e lápis contra perdas.

Inevitavelmente, minhas atividades comerciais na escola pública de Greenwich chamaram a atenção dos professores. "Confiscaram" os registros de meu banco e de minha seguradora. Não gostaram do fato de eu estar ganhando dinheiro à custa de outros alunos. Expliquei que apenas prestava serviços que os outros meninos queriam, o que para mim se parecia com o *american way*. Os professores discordaram e fecharam minhas "empresas".

Enquanto eu tentava prosperar, minha mãe enfrentava mais e mais dificuldades com sua nova vida. Tudo era completamente diferente daquilo com o que estava acostumada. A falta de dinheiro, o trabalho árduo, as experiências infelizes com seus parentes foram consumindo-a. Chegava do trabalho, desesperada, e caía no choro.

Fui, então, forçado a amadurecer muito cedo. Com a ajuda de Julia Child, aprendi a cozinhar na quinta série, e quando minha mãe chegava em casa o jantar já estava pronto. Ela ficou tão entusiasmada com minha habilidade na cozinha que a comida tornou-se um conforto para ela — e para mim também. Em outras palavras, acabei engordando.

Embora fosse um garoto gorducho com um sotaque engraçado e caçoado pelos outros colegas, uma sensação sempre me acompanhava: a de que havia algo melhor — embora não soubesse exatamente o quê — esperando por mim. Não era uma crença no destino, e sim uma convicção de que seria capaz de realizar algo sensacional. Você pode chamar isso de delírio, de pretensão — talvez fosse apenas otimismo, mas era o que eu sentia. O que fiz então, na quinta série, com tal sensação?

Além de abrir meu próprio "negócio", decidi que gostaria de ser presidente de um governo estudantil. O único problema era que não existia tal governo. Criei um. Então, concorri à presidência e fui eleito. Minha adversária tentou se eleger com uma plataforma que era basicamente "Não vote no Fernando, pois ele é um latinozinho enorme e gordo". Não era uma plataforma muito chamativa, do tipo "Vote na Bete" ou "Minha candidata é a Tata", mas mesmo assim repercutiu entre algumas das outras crianças, que passaram a me insultar devido à minha etnia.

Esse foi o início de minha vida de conflitos — era o presidente e continuava sendo caçoado pelos colegas. E havia sido assim desde o momento em que cheguei a Greenwich, quando percebi, dolorosamente, que era muito diferente de meus colegas ricos de origem americana. Não apenas do ponto de vista étnico, mas também quanto à questão econômica. Tudo, desde minhas roupas até o velho Buick azul que minha mãe dirigia, me deixava envergonhado a ponto de quase não agüentar a situação. Mesmo assim, nunca me considerei uma "vítima" ou um "desfavorecido". Tudo isso fez com que eu buscasse ainda mais o sucesso, aprendesse mais rápido, fosse mais criativo.

Ao mesmo tempo em que criei um governo estudantil, também decidi que queria ser editor do jornal da escola. Porém, mais uma vez, a escola não tinha um jornal. Fundei um então. Ainda não sabia falar e ler inglês muito bem, por isso procurei a ajuda de outros alunos, que escreviam por mim. Isso apenas durante um período. Nesse tempo, tornei-me um devorador de informações. Lia *The New York Times* e todas as revistas que chegavam às minhas mãos. E livros — devorei as biografias de meus heróis: Churchill, Gandhi, Alexandre, Simon Bolívar, Franklin Roosevelt, Teddy Roosevelt, Isabel de Castela, Júlio César e Martin Luther King Jr.

Outra maneira de me proteger um pouco dos insultos raciais que sofria foi formar um grupo de amigos íntimos, que me tratavam como um "cara normal". Alguns eram de origem americana mas, entre os mais próximos, estava um amigo filho de chineses nascido nos Estados Unidos. No nosso grupo, ninguém se importava com a religião ou com a raça dos outros.

Além disso, trabalhava. Consegui meu primeiro emprego quando cursava a quinta série. Trabalhei como frentista em um posto de gasolina. Depois, fui entregador de dois jornais. Trabalhei em uma doçaria, onde preparava refrigerantes com limão e *cherry Cokes*. Trabalhei como ajudante de um jardineiro, cavando buracos. Cortei muita grama. Fui vendedor na Woolworth's. Vendi ingressos de cinema e pipoca. Aos 16 anos, quase consegui o cargo de gerente-assistente na Friendly's, mas o gerente regional decidiu que eu lavaria a louça. Limpei gaiolas de roedores e répteis em uma loja de animais.

Depois disso, fui contratado para fazer serviços de montagem para um senhor que havia inventado um tipo de órgão de igreja computadorizado. Ganhava 125 dólares por semana, o que, para mim, era uma fortuna. Esse senhor acabou se revelando uma pessoa extremamente estranha. Cinco anos mais tarde, quando cursava a faculdade e jantava no restaurante chinês da família de meu amigo, um homem entrou e disse: "Estou procurando Fernando Espuelas." Tudo levava a crer que o homem que havia inventado o tal órgão era um molestador de crianças que havia sido preso por assassinar um adolescente. Ele ludibriava garotos prometendo um emprego e, então, os atacava. Procuraram-me para depor. Acho que o pedófilo não tentou nada comigo porque pedi um aumento, que ele recusou, furioso. Acabei largando o emprego antes que ele tentasse algo contra mim.

Aquele policial que entrou no restaurante à minha procura me deixou apavorado por um motivo completamente diferente. Quando eu e minha mãe deixamos o Uruguai, conseguimos apenas vistos de turistas, de curta duração. Só consegui meu *green card* em 1985, anos depois desse acontecimento. Certa vez, quando cursava os últimos anos do ensino fundamental, estava em nosso apartamento, na avenida Railroad, em Greenwich, que ficava literalmente colada aos trilhos da linha férrea, no terceiro andar de um prédio centenário. Minha mãe estava na cozinha e eu, na sala, jogando com alguns amigos, quando o cachorro começou a latir. Fui até a porta e me deparei com dois homens. Percebi imediatamente que teria problemas. Um deles disse: "Estamos à procura de uma família hispânica." Respondi: "Humm, uma família hispânica. Não conheço nenhuma que more aqui por perto." Graças à minha aparência pouco latina (tenho pele clara, sou alto e meus cabelos são castanhos) e ao sotaque americano que já adquirira naquela época, consegui enganá-los. Graças a Deus eu atendi à porta, não minha mãe. A partir daí, passei a ter sono leve. Estava sempre atento a qualquer barulho durante a noite. Ouvíamos histórias de oficiais do Departamento de Imigração que invadiam as cozinhas de restaurantes e levavam consigo todos os imigrantes ilegais que lá trabalhavam. Sentia que o próximo poderia ser eu — sendo arrancado de uma aula de história por homens de ternos escuros. Era terrível viver desse modo, como se fosse um criminoso.

Durante os anos do ensino médio, devido a tanta pressão, meu relacionamento com minha mãe foi chegando a um limite. Nossa relação ficou tão ruim que os diretores do colégio queriam que eu tentasse entrar na faculdade um ano antes do usual só para poder sair de casa. A comunicação entre minha mãe e eu tornou-se praticamente impossível. A situação melhorou quando entrei na faculdade. A distância nos ajudou a enxergar a situação sob uma nova perspectiva, e voltamos a nos admirar.

Desde o primeiro instante em que chegou aos Estados Unidos, o sonho de minha mãe era voltar um dia ao Uruguai e comprar uma casa. Anos depois, quando alcancei meu primeiro sucesso financeiro, voltei para visitar Greenwich e a levei ao Manero's, um restaurante próximo ao nosso antigo apartamento aonde nunca havíamos ido. Era um lugar simples, uma cantina italiana — nada sofisticado, mas caríssimo para nós na época em que vivíamos naquele pequeno apartamento na avenida Railroad.

Naquela noite, sentamos e fizemos o pedido. No decorrer do jantar, dei a ela um cheque de 100 mil dólares para que pudesse retornar ao Uruguai e realizar o sonho de comprar sua própria casa. Ela abriu o envelope, olhou o cheque e disse: "Mil dólares! Mas ia te pedir 500 dólares para pagar o aluguel deste mês." Expliquei que eram 100 mil dólares, e também dei a ela uma passagem de avião. Ela respondeu chorando, com delicadeza: "Fernando, não acredito, não acredito nisso." Depois de toda a dor pela qual ela havia passado, de tanta luta, pude lhe dar um presente: a chance de voltar a seu país sem o peso dos problemas financeiros.

SEMPRE TIVE A IDÉIA FIXA de entrar na faculdade. Devido às minhas notas medíocres na escola, concentrei-me nas atividades extracurriculares. Escrevia para o jornal estudantil e ingressei no clube de debates — eu e meu parceiro ganhamos o campeonato estadual de Connecticut. Ver minha foto segurando o troféu no jornal *Greenwich Times* foi um estímulo enorme para que adquirisse mais autoconfiança. O fato de ter sido ridicularizado durante tanto tempo por causa de meu sotaque fez com que me tornasse excessivamente crítico em relação à forma como falava. Cada vez que soltava uma palavra com sotaque, me sentia fracassado de novo. Trabalhei isso tão a fundo que hoje tenho a pronúncia de um norte-americano nativo.

Apesar de minhas notas, todas as atividades não-acadêmicas e premiações foram suficientes para que conseguisse ingressar na Connecticut College, em New London, reconhecida, pelo enfoque em ciências humanas. Havia pouquíssimos alunos de classes minoritárias — menos de 20, acredito, entre 1.600 no total. Eu era um entre meia dúzia de hispânicos cursando a faculdade.

Na época em que ingressei na faculdade, minha mãe ganhava sete mil dólares por ano e minhas mensalidades somavam 11 mil dólares. A diferença entre minha situação e a de meus amigos era abismal. Ia à casa multimilionária de um amigo e lá via seis carros de luxo estacionados na garagem. Eles passavam férias na Suíça. Suas mães usavam bolsas Gucci. Mesmo assim, o modo como me tratavam e como muitos me adotaram é algo pelo qual sou grato. Sabiam que eu amava música, então me levavam ao teatro e a *shows*. A família de um dos meus amigos me deu um computador. Muitas pessoas se mobilizaram para me ajudar. Tornei-me mais confiante e desembaraçado, em vez de amargo e invejoso.

Durante o primeiro ano de faculdade assumi o *The College Voice*, o jornal do *campus*, e acabei me tornando editor-chefe. Considerava-me um jornalista investigativo em treinamento, e em meus editoriais atacava veementemente a administração da faculdade — e não sofria repressões. Essa atitude sempre me acompanhava. Sem querer parecer piegas, considero isso o testemunho da beleza da democracia e da liberdade de expressão. Percebi isso mesmo sendo um universitário arrogante e rebelde. Na América Latina, teriam cortado meu pescoço.

Meu escritório no *The College Voice* ficava ao lado do estúdio de dança. Foi lá que vi, pela primeira vez, minha futura esposa, Ann Clark. Ann cresceu em Washington, D.C., onde foi estrela-mirim no Washington Ballet. Não tive coragem de falar com ela até o dia em que fomos apresentados em uma festa. Naquela noite, acabamos em seu dormitório, onde conversamos durante oito horas sobre tudo, desde *Star Wars* até Emily Dickinson e Nixon. Isso foi em 1987. Estamos juntos desde então.

Continuei fazendo diversos tipos de trabalhos durante a faculdade. Minha bolsa cobria a mensalidade e a estada, e eu precisava ganhar dinheiro para comprar os livros e pagar as despesas diárias. O pai de um amigo era diretor financeiro da Philip Morris, e nas férias de verão, entre o colegial e a faculdade, ele conseguiu um estágio para mim no escritório da empresa em Nova York. Ganhava 200 dólares por semana, uma quantia extraordinária naquele tempo. No primeiro verão, trabalhei no departamento gráfico; nos três anos seguintes, no entanto, fui transferido para o departamento de relações públicas. Foi um emprego ótimo. Pude ver de perto o trabalho de uma empresa de grande porte — apesar de haver algo meio bizarro em fazer relações públicas para uma gigante do tabaco. No final da década de 1980, a indústria do tabaco negava os riscos que o cigarro causa à saúde. Ainda tenho uma camiseta que ganhei nesse emprego que estampava efusivamente a seguinte frase: "Fume e Seja Saudável." Era estranho ver aqueles profissionais do departamento de relações públicas adotando esse *slogan*. E não eram parasitas ou robôs corporativos — eram profissionais extremamente inteligentes e criativos. Acho que realmente acreditavam que estavam defendendo o direito de fumar das pessoas.

Após me formar na faculdade, decidi que trabalhar em publicidade me daria a oportunidade de aprender sobre vários tipos de negócios. Enviei então meu currículo às 50 maiores agências publicitárias do país e consegui ser recebido em cinco. A primeira entrevista foi péssima, pois não tinha a menor idéia do que eles esperavam de mim. A agência era a BBD&O, uma gigante nesse mercado. Duas de suas maiores contas eram a Apple e a Pepsi. Ao me sentar para a entrevista e me perguntarem se gostaria de beber algo, minha primeira resposta foi pedir... uma Coca-Cola! Pediram para que falasse sobre alguns anúncios que havia visto recentemente e que tivesse gostado ou não. Resolvi falar então sobre uma propaganda da qual não havia gostado. Infelizmente, falei justamente sobre um anúncio da Apple Computers.

Nessa hora, a mulher que estava me entrevistando soltou sua caneta e disse: "Olhe, vou tentar ajudá-lo. Você tem de se preparar e ler sobre o que está acontecendo no mundo da publicidade para se dar bem. Você provavelmente *será* bem-sucedido... mas não aqui."

A entrevista seguinte correu bem melhor: a Wunderman Worldwide, divisão de Marketing direto da agência Young & Rubicam, me ofereceu 22 mil e 500 dólares. Comecei como assistente de conta.

Amava meu trabalho e todos os benefícios que ele me trazia. Acabara de sair da faculdade e já tinha uma secretária. Meus primeiros clientes foram a American Express e a General Foods. Aprendi a desenvolver um manual de marketing direto para a American Express. No entanto, após seis meses no cargo, aconteceu algo que se sucedeu várias outras vezes mais tarde: a inquietude e a ansiedade tomaram conta de mim. Embora tivesse boas perspectivas quanto ao meu plano de carreira, não estava ascendendo rápido o suficiente. Comecei a procurar outras oportunidades de trabalho e, pouco tempo depois, me ofereceram um cargo na Lowe & Partners, uma grande agência inglesa com uma divisão nos Estados Unidos.

Cerca de um ano após ingressar na Lowe, comecei a sentir novamente um vazio. Nessa época, eu e Ann pensávamos em viver no exterior. Isso foi no início de 1990. A América Latina estava passando por mudanças drásticas, deixando para trás modelos econômicos fechados e movidos a crises e adotando um sistema mais aberto, de livre mercado. Seus talentos eram escassos e negligenciados, havia pouco pensamento criativo e inovador. A Argentina, por exemplo, tinha passado por um lento e longo processo de colapso econômico. Pessoas talentosas estavam desestimuladas ou tinham deixado o país, havendo, portanto, uma enorme sede por talentos em marketing — especialmente talentos oriundos de Nova York. Aceitei uma oferta para ser diretor-executivo da Ogilvy & Mather, uma agência de marketing direto na Argentina. Tinha 24 anos e não teria uma oportunidade como essa em Nova York tão cedo. Fora o fato de a Argentina estar próxima ao Uruguai, minha terra natal.

Fizemos as malas e nos mudamos para Buenos Aires em 1991. Senti-me deslocado assim que cheguei. Só notei como o Uruguai era diferente dos outros países latino-americanos quando cheguei na Argentina. Pensei que soubesse falar espanhol, mas chegando lá percebi que minha língua materna havia sido muito afetada após 15 anos nos Estados Unidos. Isso dificultou nossa socialização. Foi um período de solidão para mim e para Ann. Para piorar a situação, havia o fato de a sociedade argentina ser fechada, um país onde os amigos que você faz na escola serão seus amigos para toda a vida. Felizmente, acabamos conhecendo um grupo de expatriados — a maioria jovens que, como nós, haviam deixado para trás empregos em Londres, Nova York e em outros lugares do mundo para ir a Argentina, onde todos tínhamos empregos bem melhores do que teríamos nas cidades que havíamos deixado. Estávamos juntos navegando nesse novo mundo.

Meu trabalho englobava a implantação de serviços de marketing direto para a American Express. Fui bem-sucedido e conquistei o respeito de um chefe temido por muitos, Leandro Quilmes.

"Fernando", Quilmes me disse, "tenho uma ótima oportunidade para você. Aguardo você na sala de conferências às quatro da tarde." O que ele queria comigo?

Surpreendentemente, estavam presentes na reunião vários mandachuvas da empresa. De repente, Quilmes falou: "Acabo de receber uma ligação da Unilever." A empresa era o maior cliente da agência. "Eles estão furiosos", disse para todos os executivos presentes, mas não para mim. "Querem cancelar a conta que têm conosco. É inadmissível. Não acredito que vocês tenham deixado isso acontecer. Disse-lhes, então, que a partir de hoje o Fernando seria o responsável pela conta."

Voltou-se para mim e disse: "Fernando, quero que você saiba que, se achar necessário demitir todos aqui, vá em frente e demita. Demita todos."

Fiquei pasmo. Acho que todos que estavam presentes sentiram o mesmo.

Ele me ofereceu uma promoção extraordinária e passei a ser responsável pelo maior negócio da agência. Não "demiti todos", apenas um — a decisão mais difícil no início de minha carreira. Fora isso, tudo correu bem. Os clientes gostavam de mim. A agência teve bons resultados naquele ano e, no ano seguinte, registrou um lucro espetacular. E eu era responsável por grande parte do lucro. Com isso, aos 24 anos, fui eleito para o conselho administrativo da empresa.

Após o início solitário, minha vida na Argentina passou a ser fantástica — até certo ponto. Então, como sempre acontecia em minha carreira, cheguei a um nível a partir do qual não podia subir mais e, em 1994, chegou a hora de progredir novamente. Voltei com Ann para os Estados Unidos — para Miami, onde a AT&T Latin America precisava de alguém que conduzisse os negócios de comunicação de marketing. Naquela época, a AT&T era uma das empresas mais prestigiadas do mundo, com uma receita anual de 100 bilhões de dólares. Pensava: "Um dia vou me tornar um CEO nesta empresa." "Já estou aqui e vou ser CEO, como faço para chegar lá?" Decidi provar a eles que merecia o cargo. Daria tudo de mim e trabalharia tanto que essa possibilidade iria se tornar óbvia.

Durante os nove meses seguintes trabalhei feito louco. Muitos executivos da AT&T não eram os mais ambiciosos do mundo e, com isso, acabei me destacando rapidamente. Ia um dia para o Brasil, no outro para a Argentina. Fazia viagens desgastantes, voltava e trabalhava logo cedo no dia seguinte. Sentia orgulho de mim. Os vôos noturnos da América Latina para Miami chegavam às cinco da manhã. Às oito, já estava em minha mesa. Minha determinação chegava a esse ponto.

Fui logo promovido e me tornei o mais novo diretor-executivo da empresa, aos 28 anos. Foi um momento inesquecível em minha vida. Estava lá para trabalhar e criar, e me deram um orçamento de 30 milhões de dólares. Progredi tão rapidamente que isso gerou certo desconforto entre aqueles que trabalhavam comigo, a maioria 25 anos mais velhos do que eu, profissionais que haviam subido na carreira gradualmente. Meu chefe cometeu o erro de me dizer: "Quero que você saiba que levei oito anos para conseguir minha última promoção." Foi o argumento menos convincente que eu já havia escutado. Não queria o cargo *dele* — queria o cargo de CEO da empresa.

Fui promovido ao cargo de diretor-executivo, e, repentinamente, percebi que estava vivendo uma situação que não era exatamente o que desejava. Algo em tudo aquilo era desanimador. Eu e Ann decidimos então tomar uma atitude radical e sair de férias por um mês. Estava trabalhando muito, todos os meus colegas latino-americanos tiravam longas férias, por que não agora? Falei para o meu chefe: "Sei que parece meio estranho e que farei algo que ninguém costuma fazer aqui, mas preciso de um tempo para me recuperar."

Partimos. Passamos duas semanas na Índia e duas no Nepal. Foi a experiência mais profunda de minha vida.

Começamos a viagem pelo Norte da Índia, um lugar de beleza inacreditável, com cidades antigas que se estendem pelo deserto. Sempre nos hospedávamos em lugares diferentes: desde hotéis tradicionais até o antigo palácio reformado do marajá. Saíamos do hotel e nos deparávamos com a pobreza esmagadora que domina a Índia. O contraste era assustador. Era atravessar o portão do palácio e cair em um turbilhão de miséria. Talvez porque éramos jovens e inexperientes em relação à sociedade indiana, sentimos enorme culpa e acabamos por nos solidarizar com o ressentimento da Índia em relação aos ocidentais — um sentimento de "Sim, queremos seu dinheiro, mas preferiríamos que você não estivesse aqui".

O Nepal foi uma experiência completamente diferente. Pelo que pudemos ver, é um país tão pobre quanto a Índia, mas não tem aquela pobreza cruel, pelo menos não a pobreza urbana que havíamos testemunhado. O Nepal é, certamente, um ímã para os que buscam algo. É um país mágico, de um colorido diferente de tudo o que há em outros lugares. O Nepal não está simplesmente no Himalaia, ele *pertence* às montanhas, que o povo acredita ser a morada dos deuses.

O ponto alto de nossa viagem foi uma caminhada nas cordilheiras Annapurna, do Himalaia. Certa manhã, nosso guia, Delip, chegou ao hotel onde estávamos hospedados, o Yak and Yeti Hotel. Delip era um rapaz simpático que viveu alguns anos nos Estados Unidos e falava bem inglês. Quando saímos do hotel, lá estava à nossa espera um ônibus escolar, bem velho, já com um grande grupo de passageiros. Parecia que estávamos pegando uma espécie de carona nesse ônibus. Saímos de Katmandu e começamos a subir as montanhas. Paramos em vários vilarejos, onde entraram mais pessoas. Nativos. De repente percebemos — todas aquelas pessoas estavam lá por nossa causa. Só por mim e por Ann. Havíamos comprado um passeio, uma caminhada, e eram eles que iriam nos acompanhar. Nos sentimos norte-americanos típicos, mimados: nós, com nossas botas italianas próprias para caminhadas, e os nativos, de chinelos de dedo e sandálias.

Iniciamos a caminhada em direção ao alto da montanha — eu, Ann e Delip, à frente de um batalhão de nativos que carregavam nossas barracas, roupas, água potável e combustível para as fogueiras. Nem eu nem Ann tínhamos consciência da dificuldade da caminhada. Achávamos que iríamos apenas dar um volta pelas montanhas. Ficamos paralisados pela beleza alucinante que nos cercava — e também pela sensação de que morreríamos de cansaço!

Uma das coisas que percebi naquela montanha foi que a única forma de descê-la seria subindo. Ou seja, você tem de atravessar um caminho para poder voltar. Metaforicamente, essa foi uma lição importantíssima que nunca esquecerei. Percebi que, muitas vezes na vida, a única solução é seguir adiante, independentemente do esforço — você tem de subir a montanha se quiser sobreviver. Alguns meses antes, havia ocorrido um acidente na montanha. Um grupo de excursionistas foi pego de surpresa por uma tempestade de neve e ninguém sobreviveu. Eles não haviam aprendido a lição: morreram tentando descer a montanha pelo caminho onde haviam subido; se tivessem seguido adiante, poderiam ter sobrevivido.

Em certo momento, paramos para almoçar. Um cenário e tanto nas alturas do British Raj — todos aqueles nativos montando acampamento e preparando o almoço, Delip dando ordens sem parar e eu e Ann mortos de cansaço, largados no chão, incapazes de mover um dedo, e, graças a Deus, não precisando fazer nada. Enquanto isso, pessoas dos vilarejos montanhosos próximos, cumprindo a jornada cansativa de seu dia-a-dia, passavam por nós subindo e descendo. As mulheres nos chamaram particularmente a atenção. Eram pessoas paupérrimas que haviam cortado todas as árvores das redondezas para usá-las como lenha, única fonte de combustível com que contavam. As mulheres tinham de fazer longas caminhadas para conseguir lenha. Vimos uma delas que descia a montanha com um tronco imenso na cabeça. Devia ter no máximo 1,5 metro de altura e idade para ser nossa mãe. E nós lá, exaustos, deitados no chão, gemendo de dor muscular, com nossas modernas botas italianas, enquanto ela andava graciosamente pela montanha com um tronco na cabeça e nossos guias ocupavam-se em preparar nosso almoço. E essa era a vida deles, dia após dia, todos os dias.

Isso me fez perceber como minha rotina era ridiculamente fácil, apesar das dificuldades e da relativa pobreza que havia enfrentado na adolescência, apesar de todo o trabalho duro e de todas as lutas que pensava ter enfrentado. De repente percebi como havia sido fácil alcançar o sucesso comparado ao que bilhões de pessoas têm de passar nesta vida.

Aquele foi um momento de alumbramento, um acesso de plena compreensão. Deitado, naquela montanha, pensei: "Meu Deus, posso tudo. Farei algo grande, muito grande."

À medida que começamos a caminhar novamente, a exuberância absoluta daquele pensamento me encheu de força física. Comecei a subir o caminho, a correr, correr, correr e correr — até chegar a uma bifurcação e perceber que poderia pegar a trilha errada, desaparecer e nunca mais ser visto. Parei, então, e esperei pelos outros.

Naquela noite, acampamos em uma saliência da montanha com vista para um alto vale. De lá, podíamos ver os picos cobertos de neve por todos os lados. Atrás de nós, sobre uma saliência, havia um antigo templo budista que fora usado, durante séculos, para meditação. Sua presença era marcante, de uma beleza que vai além de minha capacidade de descrição.

Naquele lugar, de uma magia palpável, comecei a pensar sobre minha vida nos Estados Unidos, sobre o caminho que havia percorrido até então, sobre o que buscava. Havia viajado exaustivamente por toda a América Latina, havia testemunhado a pobreza e o desespero, o nepotismo e a corrupção de poucos poderosos que controlavam todo o dinheiro e poder.

Naquela noite, ficou claro para mim, tão claro quanto aquela vista das montanhas através do vale, que o que estava isolando os latino-americanos uns dos outros, tanto no aspecto social e econômico quanto em termos geográficos, eram as barreiras de comunicação. Se essas barreiras fossem derrubadas, se os latinos pudessem trocar idéias livremente sem intervenção, sem medo de repressões políticas, essa seria a maior mudança na sociedade desde a chegada dos espanhóis e portugueses no século XV. Vi a Internet como a ferramenta que poderia mudar tudo para os latinos. E senti que minha missão seria levá-la até eles. Vi isso de uma forma extremamente clara.

Durante o resto da viagem, fiquei obcecado pela visão de que estava destinado a isso, e também pela idéia de como o faria. Ainda não sabia como — não sabia o caminho, não tinha a menor idéia de que tipo de negócio seria. Sabia apenas que uma tecnologia que permitisse que milhões de pessoas na América Latina pudessem obter informações sem a intervenção do governo e dos monopólios da mídia seria um enorme atrativo para os latinos e mudaria tudo. Durante um período de algumas décadas, isso poderia mudar toda a sociedade, pois mudaria a forma como as pessoas interagem umas com as outras. Poderia alterar as equações de poder de todas as sociedades na América Latina. Com freqüência, governos arcaicos, comandados por elites corruptas, impuseram a seus cidadãos um estado de subserviência. A Internet seria um catalisador de mudança dessa realidade.

Percebi que o verdadeiro trunfo da América Latina era seu povo. Não era a terra, não era o petróleo. Não era nada disso; eram, na verdade, as pessoas, cujo entusiasmo era minado por regimes corruptos. Percebi que, se pudesse conectar os cidadãos latino-americanos a essa tecnologia, algo grandioso aconteceria.

E segui com isso. Projetei meu desejo para o futuro, e fiz dessa visão uma realidade.

Voltei à AT&T totalmente diferente. Deixei de ser uma pessoa com uma missão voltada a um projeto específico. Tinha uma missão de vida. E ela transcendia a posição de um diretor-executivo ou futuro CEO na AT&T. Era algo muito, muito maior.

Estávamos em 1995 e a Internet ainda era algo distante de muitas pessoas, inclusive de meu chefe, que, na época, tinha cerca de 55 anos. Odiava *e-mails*. Sua secretária imprimia os *e-mails*, ele os respondia à mão e ela os digitava. Ele não tinha a menor idéia do que eu estava falando, mas ficou tão óbvio que eu não deixaria que essa visão passasse em branco, que ele finalmente disse: "Tá bom, tá bom, siga em frente com essa tal de 'Rede'."

Lancei então o AT&T Hola na América Latina em 1996. Fui eu quem concebeu a maior parte dos conceitos básicos do que seria chamado de portal. Queria oferecer às pessoas contas de *e-mail* gratuitas (isso um ano antes do lançamento do Hotmail). A AT&T vetou minha idéia. Fomos pioneiros na implantação de um mecanismo de busca em espanhol e português. Fomos também o primeiro cliente do mundo da Reuters na hospedagem de serviços de circuito eletrônico de notícias em português e espanhol. Era tão precoce a vida da Internet que eles nos enviavam as matérias por fax. Fomos nós que colocamos alguns dos primeiros jogos na Internet e o primeiro fórum *on-line* na América Latina.

Lancei o projeto realizando coletivas de imprensa nos cinco maiores mercados latinos da AT&T: México, Colômbia, Chile, Argentina e Brasil. A cobertura da mídia foi enorme. Fizemos uma pequena promoção na Cidade do México, onde veiculamos um único anúncio em uma estação de rádio dizendo que a AT&T realizaria uma feira da *Web* gratuita onde as pessoas poderiam experimentar a Internet. Montamos cerca de 30 ou 40 computadores e nada menos do que nove mil pessoas compareceram. Formaram-se filas e filas. Vi centenas de pessoas tendo sua primeira experiência com a Internet. As pessoas ficaram fascinadas. A mídia veio em peso. O evento foi publicado na primeira página de todos os cadernos de negócios e transmitido em redes de televisão do mundo todo.

Com base em meu sucesso na AT&T, decidi que era hora de abrir minha própria empresa, através da qual poderia, verdadeiramente, alcançar o topo da montanha de minha visão de unir e democratizar a América Latina. E assim nasceu a StarMedia Network. Na época, a Netscape estava roubando a cena, e os mercados de capital repentinamente começaram a se interessar e a querer saber mais sobre essa novidade chamada Internet — e também investir nela. Estávamos liderando uma tendência, o que faz com que seja muito mais fácil abrir um negócio. Enquanto isso, a América Latina continuava a aperfeiçoar e abrir suas economias, num processo cada vez mais bem-sucedido. Parecia ser a hora certa para fazer algo grande.

Eu e meu parceiro, meu amigo desde a quinta série, juntamos nossas economias. A família dele nos emprestou parte. Usei todo o crédito que tinha em meus cartões de crédito e solicitei novos cartões. Cheguei a pagar o aluguel com um cartão de crédito e usar outro para cobrir a dívida do primeiro, uma forma bizarra de financiar uma dívida fazendo mais dívida.

Contratamos quatro pessoas inicialmente. Compramos as cadeiras e mesas mais baratas que encontramos. Fizemos tudo sozinhos, economizamos ao máximo, sempre na esperança de que não faltasse dinheiro antes que nossa idéia pudesse decolar. Desde o princípio, não se tratava de um projeto qualquer para nos divertir — ao contrário, seria uma empresa de verdade. Dizia sempre: "Não vamos montar apenas um *website*, vamos fundar uma empresa de mídia. E, um dia, se tudo der certo, ela valerá 100 milhões de dólares." Queria que todos entendessem isso desde o princípio. Escolhi, arbitrariamente, o dia 15 de dezembro de 1996 para lançar o *website*, que se chamaria StarMedia.com. Para ter certeza de que seria lançado a tempo, programei apresentações para a mídia nos cinco países latino-americanos onde havia estado anteriormente pela AT&T.

Enfrentamos muitas incertezas, tanto quanto ao negócio propriamente dito — não existia nada similar até então — quanto em relação à nossa capacidade de angariar o capital necessário, que, logicamente, seriam milhões e milhões de dólares. Convivíamos o tempo todo com a possibilidade de o dinheiro acabar. Conseguimos arrecadar uma boa quantia com a ajuda das pessoas com quem falamos. Dispusemo-nos a contatar todo e qualquer investidor possível. Um de nossos quatro funcionários sugeriu que falássemos com seu dentista, e aceitei a idéia. Fiz a ele uma apresentação de uma hora e meia e ele investiu dez mil dólares. Juntamos quase meio milhão de dólares. Mas isso não estava nem perto do que precisávamos.

Passamos então a procurar capitalistas de risco, de onde os verdadeiros milhões poderiam vir. Foi difícil. Fizemos apresentações em Nova York, algumas em Miami, várias no Vale do Silício. Participamos de mais de 50 reuniões e a resposta, em massa, foi unânime: não. Algumas vezes, as objeções eram coerentes; por exemplo, eles tinham dúvidas se as empresas locais de telefonia e a infra-estrutura na América Latina teriam capacidade para um empreendimento como esse. Era, certamente, uma preocupação cabível. Outras vezes, as objeções eram simplesmente ridículas e discriminatórias — como o grande capitalista de risco em Nova York que me falou que minha apresentação havia sido persuasiva e apaixonada: "Você sabe, a América Latina nada mais é do que um pedacinho de terra ao sul do Texas." Seguimos em frente.

Lançamos a StarMedia.com no final de 1996, porém, no início de 1997, nos havia restado pouco capital. Até certo ponto, a StarMedia.com era fantástica. Oferecia *e-mail*, salas de bate-papo, fóruns, anúncios pessoais, classificados, histórias interativas. Tinha orgulho do *site*, mas ele estava um pouco aquém de nossa verdadeira visão.

Deixe-me explicar que visão era essa. Lançamos a StarMedia.com enfocando os serviços de comunidade. O serviço de *e-mail*, as salas de bate-papo, os fóruns etc. eram mecanismos iniciais projetados para agregar as pessoas em comunidades virtuais. Desde o princípio, insistimos na idéia de que a StarMedia.com não era um portal de Internet e, sim, um conceito muito maior, algo que ainda estaria por vir. Hoje, todos entendem o que significa "comunidade virtual", mas em 1996 e 1997 isso ainda era uma novidade. Voltamos na história e revivemos um conceito muito antigo de civilização, que é a criação de um espaço onde as pessoas podem se reunir e trocar informações. Os gregos chamavam isso de ágora. Para os romanos, era o fórum. Esse conceito tem sido um ponto central para todas as civilizações latinas desde o início dos tempos. Em todas as cidades, há uma *plaza*, uma praça central onde todos se reúnem para trocar informações.

O que havíamos criado na Internet era uma praça central virtual, onde os usuários poderiam reunir-se, obter informações, pagar suas contas, ler notícias e adquirir produtos e serviços. E estávamos criando uma praça central não em uma única cidade na América Latina, em um único país, mas em todo o continente latino-americano.

Era uma mensagem radical a ser divulgada na América Latina, onde o nacionalismo domina a identidade do cidadão. Os latinos sempre foram "criados" com base na premissa de que as pessoas que vivem do "outro lado da montanha" são monstros nos quais não se deve confiar, que são pessoas não muito inteligentes. Isso, obviamente, é um raciocínio que vários países usam para se justificarem como unidades políticas e para justificar a manutenção de suas barreiras nacionais, usualmente arbitrárias. É a antiga estratégia de um governo de convencer o povo a ser contra *outros* povos, criando, assim, um critério de identidade de grupo que supere todas as diferenças internas (tais como diferenças de etnia, raça e classe) existentes em quase todos os países latinos.

Desta forma, declararmos que iríamos derrubar essas barreiras e criar uma oportunidade para que a próxima geração de latino-americanos pudesse reunificar o continente através dessa tecnologia era uma atitude um tanto quanto... radical (a mídia chegou a me chamar de "o novo Simón Bolívar"). Queríamos redesenhar a história — e acho que, na verdade, foi o que aconteceu. Ainda estamos dando os primeiros passos, mas a verdade é que, através desses serviços interativos, colombianos começaram a conhecer mexicanos, venezuelanos estão conhecendo chilenos, o que não acontecia até então. As pessoas começaram a se descobrir, mudando assim o curso da história, à medida que, cada vez mais, passaram a se considerar tão latinos quanto mexicanos, chilenos, argentinos. Atualmente, elas têm relacionamentos verdadeiros com alguém do outro lado da montanha. Hoje, acredito que a juventude latino-americana, uma fatia desproporcionalmente enorme em relação à população total (a maioria tem menos de 20 anos de idade), crescerá com uma consciência completamente diferente do que é ser latino-americano e do que significa a América Latina: somos pessoas diferentes unidas por uma cultura comum, histórias comuns e experiências comuns que nos definem como um povo. E com os governos latino-americanos abrindo-se cada vez mais em busca de cooperação em termos econômicos, veremos uma verdadeira união que vai além de fronteiras e de gerações. A idéia da StarMedia de um "americanismo panlatino" foi um ponto de mudança histórico para os latinos do mundo todo.

Esse era meu objetivo, minha motivação. Era social. Política. Acho que consegui tanta cobertura da mídia na América Latina justamente porque falava de uma maneira nova, diferente. É lógico que grande parte dessa atenção era devido à questão empresarial, pelo fato de haver começado com um pequeno público que se transformou em uma empresa avaliada em quatro bilhões de dólares. Mas era também resultado da visão que eu apresentava, uma visão revolucionária, para alguns, um sonho. Uma jornalista latina da área econômica chegou a me chamar de Dom Quixote. Ela me tratou como se eu fosse um colegial idiota. Como, por exemplo, ao dizer: "Muito delicado de sua parte querer unificar a América Latina, mas você não percebe que nos odiamos? E que os políticos não permitirão que isso aconteça?"

Infelizmente, essa era a maneira como o povo latino-americano havia sido treinado, durante séculos, a pensar, e a StarMedia batia de frente com essa idéia.

Também derrubamos outras falsas barreiras. Nossa política de contratação era literalmente avessa à discriminação por sexo. Não havia nenhum tipo de barreira na StarMedia para as mulheres. Na verdade, nossas executivas, na maioria, eram mulheres. Isso pode não parecer grande coisa, mas será que não é se levarmos em conta o machismo que povoa a América Latina? As pessoas não achavam que se tratava apenas de uma novidade; achavam minha visão maluca. Mas essa era outra mensagem que passávamos: éramos uma empresa jovem e não queríamos que uma tradição antiquada como essa, de ignorar 50% da população, nos paralisasse.

Essa era nossa visão. No segundo trimestre de 1997, achamos que teríamos de fechar nossas portas — não aconteceu. O Chase Manhattan Bank investiu dois milhões de dólares na empresa, o que fez com que nos tornássemos, de imediato, uma empresa confiável. Nos quatro meses seguintes, captamos mais 12 milhões. Seis meses depois, fizemos o maior investimento privado em uma empresa de Internet até então — 80 milhões de dólares. E passamos a ser uma companhia respeitada no setor de Internet. Seis meses mais tarde, abrimos o capital. Foi a primeira oferta pública inicial da história de uma empresa de tecnologia latino-americana. No primeiro dia de negociação, as ações fecharam em um patamar em que a empresa foi avaliada em 1,6 bilhão.

De cartões de créditos endividados para mais de 1,5 bilhão! Nada mal para um menininho uruguaio que chegou aos Estados Unidos sem nada.

A StarMedia foi um sucesso estrondoso. A empresa tinha 25 milhões de usuários únicos por mês, o que nos tornou o sétimo maior *website* do mundo, e o único grande *site* que não era de língua inglesa. Tínhamos 500 anunciantes globais. Era muito mais do que um simples *website*. Tínhamos uma série de ofertas de produtos *on-line*, e vários portais. As pessoas podiam obter informações por banda larga ou pelo celular. Éramos uma nova empresa de mídia integrada.

Compramos outras 11 empresas. Nosso capital alcançou 500 milhões. O quadro de funcionários chegou a cerca de 1.200 pessoas.

Abrimos operações locais em 11 países. Só na matriz, em Nova York, havia 400 funcionários.

Foi isso mesmo, a StarMedia tornou-se uma gigante entre as empresas de mídia de Internet. Tornei-me um homem rico e uma celebridade da mídia no mundo todo. A revista *Time* me homenageou como um dos "Líderes do Milênio". O Fórum Econômico Mundial me incluiu entre sua elite de "Líderes Mundiais do Futuro". Recebi o prestigiado prêmio Bravo da revista *Latin Trade*. Ganhei o prêmio da revista *New York*. Conheci pessoalmente o Presidente dos Estados Unidos e os de outras nações latino-americanas, além do secretário-geral das Nações Unidas, senadores, parlamentares e embaixadores.

E perdi tudo.

Em 6 de agosto de 2001, três dias antes de completar 35 anos, estava no meu escritório, na sede da StarMedia, no sul de Manhattan. O conselho de administração da empresa estava na sala ao lado. Havia agendado o que chamamos de uma reunião *"all hands"*. Significava que todos da empresa estariam presentes — não apenas todos do escritório de Nova York, mas também os dos outros escritórios de toda a América Latina, via telefone ou conectados através da rede. Chamamos de *"all hands"* como em *"all hands on deck"* — "tripulação e passageiros unidos em um esforço conjunto". A empresa era um navio e eu, o capitão.

O navio estava sendo inundado por todos os lados. Como todos os navios que navegavam no oceano da Internet, fomos pegos por uma onda gigante: o repentino colapso da economia de Internet que havia se iniciado no segundo trimestre de 2000.

Para nós, no entanto, não era apenas uma onda gigante; era uma onda gigante, seguida de outra gerada por um terremoto, juntamente com um redemoinho vindo de águas profundas e um enorme polvo que lançava seus tentáculos, agarrando o navio, tudo isso seguido de um furacão. O colapso do mercado de Internet coincidiu com a repentina e inesperada desaceleração no crescimento da economia latino-americana, com a baixa do ciclo econômico para o mercado de mídia, o que levou ao fechamento de mercados de capitais e causou uma fuga maciça do mercado de ações, além do início de uma recessão generalizada na economia norte-americana. Qualquer uma dessas catástrofes sozinha significaria certos desafios, mas todos esses fatores surgindo juntos e ao mesmo tempo levaram a uma situação insustentável para nós. A bolha da Internet estourou quase que simultaneamente ao desmanche econômico na Argentina, gerando um efeito dominó em toda a América Latina. As economias brasileira e mexicana retraíram-se, a economia norte-americana começou também a esmorecer, e tornou-se impossível conseguir capital. Nossa capacidade de comprar outros negócios enfraqueceu, já que nossas ações se desvalorizaram. Todas as empresas à nossa volta, fossem elas anunciantes ou parceiros em potencial, estavam enfrentando o mesmo estresse, o que significava que não podiam adquirir mais nossos serviços. Nossas ações, como aquelas de praticamente todas as outras empresas de Internet, despencaram.

Como capitão do navio, assumi a responsabilidade pela situação desesperadora que enfrentávamos e busquei um jeito de seguir adiante. Acreditava que meu plano traria o navio novamente à tona e posicionaria a empresa para um crescimento futuro. No entanto, eu e o conselho de administração não concordamos quanto à solução. Restaram-me, portanto, duas opções: poderia ficar e provocar uma guerra desagradável e pública com o conselho, ou então teria de renunciar e passar meu cargo a alguém novo, que pudesse evitar esse conflito. Decidi renunciar. Fazendo uma retrospectiva, essa é a única atitude da qual me arrependo. Desde então, sinto de coração e alma que tinha recursos para tornar a StarMedia uma vencedora do setor de Internet no longo prazo.

Anunciei minha decisão de deixar a empresa em uma reunião tocante. Conectado pela rede a 11 países, disse às pessoas que haviam construído a StarMedia que estava partindo. Um artigo da *Associated Press* relatou como os funcionários choraram e me aplaudiram de pé ao final do discurso em que renunciei ao cargo que ocupava na empresa. Nesse discurso — que interrompi uma vez, porque também comecei a chorar —, falei do orgulho que sentia em relação a tudo que havíamos alcançado juntos em nossa grande aventura, e também sobre como havíamos mudado a vida de milhões de pessoas.

Você deve imaginar o sentimento devastador que tomou conta de mim. Talvez, em sua própria jornada, você já tenha alcançado seu objetivo de vida, feito de seu sonho uma realidade — e perdido tudo.

Por outro lado, devo confessar que também senti um enorme *alívio*. Durante o ano que precedeu minha demissão, havia lutado feito louco para não deixar a empresa afundar em alto-mar. Se sou responsável por algo, então sou responsável 24 horas por dia. Durante cinco anos, a StarMedia foi tudo o que havia imaginado, tudo o que havia falado.

Quando paro para pensar em tudo isso, não sinto rancor; sinto mais prazer do que dor. Saí de toda essa situação com meu otimismo intacto Cansado, mas inteiro. A derrota tática veio acompanhada de uma nova liberdade, uma nova oportunidade de sair em busca de algo ainda maior, e alcançá-lo.

Isso parece um otimismo insano? Admito que sim. Muitas pessoas, nessa hora, teriam se largado em um canto e desistido. Acredite, não tive vontade de parar. Estava triste, exausto e totalmente quebrado — a queda no valor das ações da StarMedia levou consigo praticamente toda a minha riqueza particular e fiquei com dívidas enormes. Como acreditava em nossa empresa e em nossa missão, nunca vendi sequer uma ação ou opção da StarMedia. Meu prejuízo pessoal chegou perto de 500 milhões de dólares.

Pela lógica, teria ido à falência e me largado num canto qualquer. Em vez disso, aluguei um pequeno chalé em Vermont e passei uma semana fazendo caminhadas. Alguns dias, chegava a andar quase 40 quilômetros e, na volta, preparava churrascos ao estilo uruguaio, fartos e caprichados. Ann ficou em Nova York. Ela sabia que eu precisava passar um tempo sozinho, descansar e organizar minhas idéias. Sempre me apoiou e tinha consciência do estresse pelo qual eu havia passado.

Afinal, ela compartilhou tudo comigo — as maravilhas e o estresse do sucesso, os problemas e o estresse doloroso da derrota. Nosso casamento estava mais fortalecido do que nunca.

E, como aconteceu quando desci aquela montanha no Nepal, voltei de Vermont com uma nova missão. Eu voltaria, voltaria mais forte do que nunca. Apostar contra mim é sempre uma má escolha. Quando cheguei de Vermont, peguei o telefone e comecei a compartilhar minha visão para um próximo projeto: a VOY.

Assim como a StarMedia.com, que era mais do que um *website*, a VOY é muito mais que uma empresa de mídia. O objetivo da VOY é oferecer aos hispânicos que vivem nos Estados Unidos e na América Latina um leque completo de serviços e ferramentas que os ajude a alcançar a auto-realização. Essas ferramentas incluem informações, educação e serviços financeiros. Além de livros como este, a VOY tem transmitido essa mensagem por meio de programas de televisão, Internet e jornais. A VOY fará parcerias com renomadas escolas de ensino a distância a fim de oferecer qualificação a pessoas que buscam o aperfeiçoamento, um emprego mais bem remunerado, que querem progredir no mundo. Faremos seminários sobre liderança onde as pessoas poderão se inspirar na história dos grandes pensadores da atualidade. A VOY também colaborará com instituições financeiras na criação de serviços voltados às necessidades dos hispânicos nos Estados Unidos, incluindo crédito pessoal, pequenos empréstimos para empresas, além de outras ferramentas que permitam a liberdade financeira pessoal. Ao oferecer todos esses serviços, espero que a VOY tenha um impacto profundo em moldar e fortalecer o futuro dos latinos que vivem nos Estados Unidos e na América Latina.

Passei grande parte dos últimos três anos viajando pelos Estados Unidos, conversando com estudantes, famílias, comunidades e líderes empresariais. Percebi, de forma quase unânime, que as pessoas estão preocupadas; que temem muitas coisas; sentem-se perdidas. Este livro é o primeiro passo para levar a um grande público o poder de transformação da VOY. Difundiremos uma mensagem de esperança, e mostraremos um caminho que leve à realização pessoal. Assim como o poder da comunicação era utópico para os latino-americanos na década de 1990, a mensagem de auto-realização, de encontrar o próprio sucesso, de criar sua própria felicidade é hoje tão poderosa quanto aquela dos anos 1990.

Quando estava concebendo a VOY, foi meu amigo Roberto Hernandez quem deu a inspiração fundamental para minha volta. Roberto é um bilionário que se fez sozinho no México. Vendeu seu banco, o Banamex, o maior banco do México, para o CitiGroup, por 12 bilhões de dólares. Assim como eu, começou do nada. Colhia frutas do pomar de seu pai, nas proximidades da Cidade do México, e as levava de caminhão até a cidade para vendê-las na rua.

Roberto convidou Ann e eu para uma visita à sua fazenda. Ele tem propriedades maravilhosas no México e a mais bela visão em se tratando de terras; certa vez, comprou uma montanha que dava vista para suas terras e transformou-a em parque nacional para que ninguém pudesse construir nada nela. Nós nos conhecemos quando a StarMedia tentava fechar um negócio com o Banamex. O negócio não se concretizou, mas demos início à nossa amizade.

Tomávamos tequila antes do jantar em sua fazenda quando eu disse: "Roberto, me sinto um idiota", reclamando do tanto que havia perdido.

Ele respondeu: "Fernando, eu não me preocuparia com isso nem por um segundo. Em 1968, quando tinha sua idade, era dono de uma fortuna considerável. Apostei alto no mercado da prata e perdi tudo. E aqui estou, hoje. Não tenho a menor dúvida de que você vai construir tudo de novo, só que, desta vez, muito maior e melhor."

Muitas pessoas já me haviam dito coisas assim, mas, vindo daquele homem, teve um significado maior. Ele havia vivido isso. Não era apenas teoria; ele perdera uma fortuna enorme.

Tenho muito claro, tão claro quanto a visão que tive da Internet no topo daquela montanha no Nepal, que tenho um dever, uma responsabilidade, uma missão — ser um líder. Tendo isso em mente, comecei a trabalhar na empresa de mídia que sabia que a VOY tinha de ser — uma empresa que capacitasse as pessoas a realizar seus próprios sonhos.

O que nos leva a este livro que você está segurando agora. Você *pode* realizar seus sonhos e quero ajudá-lo a fazer isso. Estou oferecendo a você o que aprendi e como alcancei o que tenho.

Nos capítulos seguintes, explicarei 12 princípios para a verdadeira felicidade e o sucesso que desenvolvi a partir de minhas próprias experiências e da observação de pessoas extraordinárias. Apresentarei também exercícios que o ajudarão a focar, planejar e realizar uma vida em ação.

VOY, vou.

Venha, acompanhe-me nesta jornada.

1

PRIMEIRO PRINCÍPIO

Defina felicidade e sucesso

Daqui a 20 anos, você estará mais arrependido pelas coisas que não fez do que pelas que fez. Então, solte suas amarras. Navegue para longe do porto seguro. Agarre o vento em suas velas. Explore. Sonhe. Descubra.

— Mark Twain

O que é o sucesso? Não há uma só resposta. O sucesso é algo extremamente pessoal. Há tantos tipos de sucesso quanto há pessoas no mundo.

De maneira geral, *sucesso é a capacidade de olhar para trás e reconhecer que, em cada estágio de sua vida, você pôde realizar o melhor que estava a seu alcance*. Isso significa ser capaz de olhar para trás sem arrependimentos — não porque você tenha conseguido fama ou fortuna, mas porque você conseguiu se realizar como ser humano.

Estamos em um momento crítico de nossas vidas. O mundo mudou drasticamente nos últimos anos. Em 2000, entramos não apenas em um novo milênio, mas também em uma era de insegurança e dúvida, de hostilidade e medo. Atualmente, planos otimistas de crescimento e realização pessoal parecem estar sob risco constante. As pessoas que têm a sorte de não terem perdido seu emprego, sua fortuna ou economia recentes, agarram-se ao pouco que têm. Em vez de esperança no futuro, as pessoas hoje rezam para evitar a ruína. Aqueles que ainda estão empregados postergam toda a esperança de crescimento ou redirecionamento profissional, enquanto os jovens enfrentam o mercado de trabalho mais sombrio em décadas.

Neste complicado e desanimador mundo novo, as pessoas estão buscando formas mais significativas de mudar suas vidas, de fortalecer-se internamente e de descobrir uma maneira de libertar sonhos há muito guardados. A definição tradicional de sucesso, por muito tempo ligado ao dinheiro, não mais satisfaz. Cada vez mais — e acertadamente —, as pessoas identificam sucesso com realização. A necessidade de uma mensagem de esperança, uma mensagem que demonstre que o caminho para a realização pessoal ainda pode ser mapeado em meio a tempos tão caóticos, é fundamental.

Você deve conhecer essa sensação ou, então, não estaria com este livro em suas mãos. Quero dar a inspiração necessária para ajudá-lo em sua busca pela verdadeira felicidade e pelo sucesso pessoal.

Em minha vida, como você acabou de ler, já passei por muitas fases de confusão, pobreza e dor, mas nunca perdi meu rumo interno, minha direção, a sensação de que poderia conseguir coisas maravilhosas se tentasse. Todo dia, quando me levanto, percebo que tenho uma responsabilidade comigo mesmo, com minha família e com o resto da sociedade de fazer o melhor possível naquele dia. Essa tem sido minha filosofia de vida desde criança.

Você também tem uma responsabilidade consigo mesmo de ser a pessoa mais feliz, mais bem-sucedida e mais realizada que pode ser. É sua responsabilidade descobrir quais são as ferramentas e os mapas que o levarão ao sucesso pessoal. Você pode fazer isso. E a mudança pela qual passará quando fizer essa transformação para um ser humano completamente auto-realizado o deixará estarrecido.

O sucesso não acontece por acaso. Sucesso não é ganhar na loteria. Estatisticamente, é mais fácil um motor de avião cair em sua cabeça do que você ganhar milhões na loteria. Mas, embora não seja "sortudo" o suficiente para ganhar na loteria, você pode fazer sua própria sorte. Sorte é aquilo que você cria para si mesmo em sua vida cotidiana. São as pessoas que você coloca a seu redor e como reage a elas. São as oportunidades para as quais você se coloca à disposição. É um processo de estar sempre pronto para o sucesso. É uma atitude. Se você espera vencer e cria circunstâncias onde efetivamente vence, acaba por desenvolver um senso de otimismo, uma energia positiva e um ímpeto que podem ser extremamente poderosos.

Não sou um daqueles gurus de auto-ajuda que dizem ter uma fórmula infalível para o sucesso. Qualquer pessoa que diga isso deve ser um charlatão. A única pessoa que sairá bem-sucedida desse seminário será provavelmente o palestrante — ele terá enganado você direitinho em troca do seu dinheiro. Não há fórmula universal para o sucesso. Mas podemos observar o sucesso em ação, aprender com ele e aplicar certos princípios à nossa própria vida.

DINHEIRO NÃO COMPRA FELICIDADE

*Se perseguir sua felicidade, terá sempre felicidade,
tendo dinheiro ou não.
Se perseguir o dinheiro, poderá perdê-lo,
e não terá nada.*

— JOSEPH CAMPBELL

Vamos começar por aquilo que o sucesso e a felicidade não são:
Sucesso não *é dinheiro*.
Dinheiro não pode *comprar sua felicidade*.
Sei que você já ouviu muitas vezes: "Dinheiro não compra amor", e coisas parecidas.

Mas estou aqui para dizer que este é um daqueles clichês que são totalmente verdadeiros: dinheiro não compra felicidade. Parece não haver nenhuma relação direta entre dinheiro e felicidade. Aprendi isso com a vida. Todos os milhões que tive, em si, não me fizeram uma pessoa mais feliz. O que me fez feliz foi o ato de criar uma empresa e os serviços que resultaram em todo aquele dinheiro — não o dinheiro propriamente dito. Tive um sonho, fui atrás dele e tornei-o realidade. O que fez de mim um sucesso foi ter criado uma forma de conectar pessoas por toda a América Latina e lhes dar uma nova e poderosa voz que elas nunca haviam tido antes. Ganhar dinheiro enquanto fazia isso foi mero acaso.

Sei que isso vale também para os outros. Conheço muitas pessoas que são "bem-sucedidas" segundo padrões monetários tradicionais: são ricas, têm poder, *status*, belas mansões, carros fantásticos. E algumas são as pessoas mais infelizes — e, no meu entender, mais malsucedidas — que já conheci.

Recentemente, *The New York Times* publicou o perfil detalhado de um homem de 67 anos que luta para sobreviver com 1.100 dólares mensais da Previdência Social norte-americana, complementados com o que consegue ganhar limpando banheiros e fazendo entregas. O mais chocante é que esse homem já foi um profissional poderoso e bem-sucedido de Wall Street — um dos "Senhores do Universo", como são chamados. Sua fortuna pessoal chegou a 20 milhões de dólares. Tinha um motorista particular para sua Mercedes de 100 mil dólares e não pensava duas vezes em gastar 40 mil em passagens aéreas e levar seus amigos a festas de fim de semana em sua casa de veraneio.

E, apesar de todo o seu poder, *status* e estilo de vida luxuoso, era um homem profundamente infeliz e frustrado. Bebia exageradamente. Estava sempre pronto para brigar com seus chefes, que, ele acreditava, não lhe davam valor. Pulava de uma empresa para outra. Divorciou-se duas vezes.

Aos 57 anos, viciou-se em *crack*. Era um peso-pesado de Wall Street provindo da elite universitária norte-americana e, no entanto, "fumava o cachimbo", conforme se lembra, de 40 a 50 vezes por dia. O vício o arruinou. Perdeu tudo. Foi despejado de sua luxuosa cobertura e ficou sem ter onde morar por algum tempo. A queda em espiral seguiu por vários anos. Quando foi entrevistado pelo *Times*, estava limpo e sóbrio, mas sua carreira e sua reputação estavam destruídas.

O artigo terminava com uma observação de sua filha. "O dinheiro não é assim tão importante", disse. "*Com certeza não fez meu pai feliz.*"

Passando para uma história bem mais leve, temos Dick McDonald, um dos irmãos proprietários da pequena barraca de hambúrgueres que deu origem ao McDonald's. Freqüentemente lhe perguntavam se havia se arrependido de ter vendido a idéia e o nome McDonald's para o empresário Ray Kroc. Kroc pagou aos dois irmãos o suficiente para que cada um comprasse um Cadillac novo e partiu para criar um império mundial usando o nome e a idéia deles.

Dick McDonald sempre disse que não se arrependia nem um pouco de ter vendido o nome e a idéia a Kroc. Sabia que, se tivesse acompanhado Kroc na construção do império McDonald's, teria acabado em um prédio de escritórios em um lugar qualquer, rodeado de assistentes, contadores e advogados, preocupado com os negócios e com seu dinheiro o tempo todo. Não era o tipo de vida que Dick McDonald desejasse. Embora pudesse ter se tornado bilionário, sabia que, no fundo, isso não o faria *feliz*.

Não estou pedindo que você tenha pena dos bilionários. Mas não é preciso ser rico para saber que estou falando a verdade. Você pode buscar exemplos em sua própria vida, quando economizou e finalmente conseguiu comprar algo que realmente achou que queria, algo que você imaginava que realmente mudaria sua vida. Um belo aparelho de som, um carro novo, uma roupa de grife. Sejamos honestos: assim que comprou, você *realmente* se tornou uma pessoa mais feliz? Aquele novo aparelho de som fez com que você se sentisse mais realizado como ser humano? Agora que tem seu belo aparelho de som, você terá sempre de comprar novos CDs para ele. Você continuará a ter de dirigir seu carro novo para aquele mesmo velho emprego todos os dias para conseguir pagar as prestações mensais. Você pode até gostar de ter tudo isso, mas, sinceramente, pode dizer que essas coisas mudaram sua vida?

O livro *Liar's Poker*, de Michael Lewis é uma reveladora visão interna de Wall Street, uma cultura que realmente equipara felicidade e sucesso exclusivamente a dinheiro. Como recém-formado em meados da década de 1980, Lewis entrou em um programa de treinamento da então gigante do mercado de ações Salomon Brothers. Não estava ali porque tivesse algum real interesse no mercado de capitais como carreira; na verdade, como a maioria de seus companheiros de programa, não sabia absolutamente nada sobre a Salomon Brothers, a não ser que se tratava de um lugar onde poderia ganhar, rapidamente, muito dinheiro. Toda a empresa, dos estagiários aos mais altos executivos, era motivada somente pelo dinheiro. Não porque fariam algo de útil ou se divertiriam gastando-o, mas apenas por ganhá-lo, para si mesmos e para a firma. Não por orgulho em fazer parte da empresa ou por lealdade a ela, mas apenas porque isso dava ao indivíduo maior poder na cruel ordem hierárquica da companhia.

Lewis descreve uma cultura corporativa da mais completa vulgaridade e mesquinhez, literalmente, uma selva incivilizada onde as únicas emoções humanas são a crueldade dos chefes e a degradação medrosa de seus subordinados rastejantes. Até mesmo os chefes, embora multimilionários, parecem ser miseráveis. A fortuna pessoal de cada um deles não lhes traz nenhuma alegria, nenhuma satisfação, nenhuma paz de espírito; mesmo com seus milhões, eles são tão infelizes, estressados e inseguros quanto o estagiário menos graduado. Eles comem e bebem como glutões, mas não desfrutam nada. A comida é apenas o combustível que lhes dá energia para enfrentar seu trabalho extremamente estressante, onde passam o dia gritando uns com os outros e com seus clientes. Suas esposas, casas e carros são troféus, mas eles também não desfrutam nada disso — são apenas símbolos de *status* que eles ostentam entre si, mais como machos primatas do que como seres humanos.

Lewis pode ter exagerado ao tentar fazer valer sua idéia, mas já observei isso de perto e sei que o cerne de sua descrição é verdadeiro. Por ser empresário, sempre que dou palestras em universidades, boa parcela dos estudantes em minhas platéias é formada por alunos de administração de empresas a caminho de seus MBAs. Eles vêm me ver porque sabem que ganhei dinheiro e querem ganhar muito dinheiro também. Para eles, sou um símbolo do que desejam ser.

Quando lhes pergunto *por que* querem ingressar no mundo empresarial, por que querem ser empresários, suas respostas chegam a ser desoladoras. Na maioria das vezes, parecem os jovens estagiários do livro de Lewis: estão fazendo isso apenas porque lhes disseram que assim ganhariam mais dinheiro. A sociedade treinou-os para acreditar que ganhar dinheiro é, por si só, um objetivo absoluto. Eles acreditam que ganhar muito dinheiro, de alguma forma, os fará felizes, mesmo que isso signifique sofrer os horrores de trabalhar em uma selva corporativa como a descrita em *Liar's Poker*.

Provavelmente, levo um pouco de mistério e decepção para alguns desses alunos já que não os encorajo nem lhes dou dicas úteis para entrarem no mundo corporativo e ganhar um zilhão de dólares simplesmente por ganhar um zilhão de dólares. Digo que ser empreendedor é minha maneira de ser criativo neste mundo, de produzir algo que não existia antes. Não fiz nada por dinheiro, muito embora tenha ganhado muito dinheiro com o que fiz. Agi porque imaginar empreendimentos que tenham um impacto verdadeiro na sociedade e depois ser capaz de transformar esse sonho em realidade é o que me move. É minha paixão, minha expressão criativa, minha maneira de compor uma sinfonia ou escalar o monte Everest. Estou convencido de que a paixão que sinto pelo que faço e o estímulo que extraio disso todos os dias vêm diretamente do fato de ter escolhido o trabalho que me fará verdadeiramente feliz.

Infelizmente muitos jovens que estão apenas começando nem mesmo acreditam que podem fazer esse tipo de escolha. Vivem em uma sociedade onde o pensamento independente é muitas vezes desestimulado. Muitos desses alunos foram criados para acreditar que o máximo que podem esperar de sua vida profissional é freqüentar uma faculdade, conseguir seu MBA e tornar-se uma eterna abelha operária anônima em uma gigante colméia corporativa. Vários desses jovens acordarão um dia em suas mesas e perceberão que estão levando uma vida completamente sem sentido. Podem estar ganhando um bom dinheiro, ter gordas contas de previdência privada e tirar férias em estações de esqui regularmente, mas são infelizes.

Não estou dizendo que todos são infelizes no mundo corporativo. Mas muitos o são. Não porque uma carreira corporativa seja intrinsecamente ruim, mas porque é errada *para eles*. Não tem nada a ver com seus verdadeiros talentos e desejos. Eles não estão criando nada. Não estão se realizando naqueles empregos. Estão apenas pagando suas contas.

Essa condição, obviamente, estende-se para muito além do mundo corporativo. Todos nós conhecemos pessoas que se sentiram presas nas armadilhas de seus empregos, em todas as esferas da vida. De algum modo, elas sabem que não estão onde deveriam estar, que não é a maneira como deveriam realmente usar seu tempo e seu talento.

A lição mais importante que aprendi em minha vida até hoje sobre o que a felicidade significa para mim não foi quando ganhei 500 milhões de dólares, mas quando os perdi. O velho provérbio "O que não mata nos faz mais fortes" não é um simples clichê. Os desafios e obstáculos *realmente* nos tornam mais fortes, nos obrigam a crescer. Quando perdi todo aquele dinheiro, fui forçado a encarar os fatos e analisar o que me move como ser humano, o que realmente me faz feliz ou não. Percebi que o que me faz feliz é ser criativo e ter um impacto real no mundo — não apenas ter dinheiro.

Quando disse isso em uma palestra na Universidade de Colúmbia, alguém rebateu: "Tudo bem, mas o dinheiro não deixa de ter importância. Você precisa de dinheiro para realizar o que deseja."

E isso é verdade. Trata-se de uma equação sutil, equilibrada. Em nossa cultura, no entanto, você aprende que o dinheiro é *o* caminho para a felicidade: ganhe na loteria e todos os seus sonhos se realizarão.

É muito mais útil e realista pensar no dinheiro como uma ponte ou uma ferramenta com a qual você consegue realizar o que deseja. Mas encarar o dinheiro como o ingrediente essencial da fórmula é o caminho certo para o fracasso.

A FELICIDADE NÃO É ALGO QUE SE PODE CONSUMIR

> *Pobre não é aquele que tem pouco,*
> *mas aquele que deseja ter mais.*
>
> — Sêneca

As autoridades médicas declararam a obesidade como a causa de doença e morte que mais cresce nos Estados Unidos. Problemas de saúde relacionados a peso corporal atingiram níveis epidêmicos. Mais da metade dos norte-americanos está acima do peso ou é obesa. O número de crianças com sobrepeso nos Estados Unidos dobrou entre 1986 e 1998. A taxa de crescimento foi ainda maior entre as crianças afro-americanas e hispânicas. Estima-se que 1.200 pessoas morrem todos os dias em decorrência de problemas relacionados ao peso, incluindo diabetes, vários tipos de câncer, doenças coronarianas e hipertensão. Centenas de milhares de crianças acima do peso nos Estados Unidos estão sob risco crescente de graves problemas, como falência dos rins e derrame.

Por que os norte-americanos estão engordando tanto? Algumas pessoas dizem que os Estados Unidos são um país tão rico, onde a comida é tão abundante e acessível para a grande maioria das pessoas, que é simplesmente natural que estejamos sempre comendo. Mas a Europa e o Canadá também são sociedades ricas onde a comida está sempre prontamente disponível e eles estão longe de passar pelo problema de obesidade que os Estados Unidos enfrentam. Evidentemente, a disponibilidade de comida não é a verdadeira questão.

As pessoas também culpam o tipo de comida que os norte-americanos consomem — *fast food*, lanches e refrigerantes. É fato que os norte-americanos comem exageradamente esse tipo de alimento, com alto teor de gordura e açúcares e baixo teor nutritivo. Hábitos alimentares mais saudáveis resultariam diretamente em uma saúde melhor.

Instintivamente, imagino que todos nós saibamos que esse tipo de comida não é o problema, mas meramente seu *sintoma*. Imagino que todos percebam que os norte-americanos estão tentando satisfazer algum tipo de necessidade por meio de uma alimentação exagerada. Eles estão tentando acalmar uma fome voraz que é espiritual e emocional, e não realmente física.

Por quê? Que fome é essa que os norte-americanos parecem não conseguir aplacar?

Minha teoria é de que sua cultura ficou traumatizada pelo constante bombardeamento do consumismo que relaciona dinheiro a sucesso, consumo a felicidade. Os americanos são submetidos de modo esmagador a um turbilhão de comerciais e anúncios que os incita a comprar um carro maior, adquirir uma casa nova, fazer viagens mais caras, renovar todo o guarda-roupa e, é claro, beber um outro refrigerante e comer um outro hambúrguer engordurado. Todos os dias lhes dizem de mil maneiras que não eles poderão ser felizes a menos que comprem ou consumam tais produtos. Sua auto-estima está sob constante ataque da sugestão de que não serão bons o suficiente até que possam ter um carro mais sofisticado ou uma casa maior. Mas, é claro, já que a economia se baseia em um ciclo contínuo de consumo, também lhes dizem que *nunca* terão comprado o suficiente, *nunca* terão consumido o suficiente para serem verdadeiramente felizes e bem-sucedidos. É preciso constantemente comer mais, comprar mais, adquirir mais.

Não é de espantar que comam até suas artérias se entupirem e o coração explodir. Tentam satisfazer uma fome que nunca poderá ser saciada.

Você se lembra da Introdução, em que descrevi minha própria dificuldade com o excesso de alimentação quando era criança? Fiquei gordo não porque tivesse uma fome física real. Comer o tempo todo era minha maneira de alimentar inseguranças, preocupações, medos. Se você me visse hoje, não saberia nunca que fui uma criança gorda. Aprendi a buscar a felicidade de maneiras menos autodestrutivas.

Não é apenas pelo excesso de comida que explicitamos essa fome profunda, insaciável. Somos incitados a "comer exageradamente" em todas as esferas de nossas vidas. Ensinam-nos que nunca teremos dinheiro suficiente, poder suficiente, carros suficientes ou uma casa suficientemente grande para sermos realmente felizes.

De certa forma, isso é verdade. Essas coisas *nunca* farão você feliz, não importa quanto você consiga acumular ou devorar. Mas não é para você saber disso. Você deve é continuar a comer.

Somos todos guiados por essa falsa necessidade de consumir, que afeta os mais ricos da mesma forma que afeta os mais pobres e batalhadores. Até mesmo os bilionários, nessa sociedade, de algum modo parecem não ganhar o suficiente nem ter o suficiente para se sentirem satisfeitos.

Há um caso bastante conhecido de um certo bilionário que desde os anos 1990 está construindo a maior mansão particular dos Hamptons, uma região de veraneio na ponta de Long Island freqüentada pelos ricos e famosos. A propriedade que esse homem está criando é tão grande que um artigo de jornal afirmou ser necessária uma visão aérea para que se possa ter a verdadeira noção de seu tamanho. Quando concluída, fará com que as opulentas mansões de seus vizinhos milionários pareçam pequenas. A grande escala do projeto em construção perturbou a vida desses vizinhos e tornou seu proprietário *persona non grata* na região. Há, inclusive preocupações quanto ao impacto ambiental de construção tão gigantesca.

Esse homem, a propósito, conquistou sua vasta fortuna por meio de títulos de alto risco, explorando empresas em apuros para obter ganho pessoal e participando de companhias de mineração acusadas de prática de *dumping* ilegal e poluição na América do Norte e do Sul.

O bilionário tenta claramente saciar uma fome que nunca poderá ser satisfeita. Se não estivesse construindo um palácio de 100 mil metros quadrados, poderia estar pesando 140 quilos. A gula do bilionário apenas encontrou uma saída diferente da daqueles que comem exageradamente. Um restaurante do tipo "coma à vontade por 9,99" ou uma mansão de 100 milhões, não importa o que seja. Ambos os casos são tentativas de satisfazer uma necessidade emocional insaciável.

E nem o construtor bilionário nem o glutão obeso saciarão essa fome. O bilionário pode continuar a consumir negócios e empresas até se tornar dono do mundo. O glutão pode comer cada hambúrguer e batata frita que o McDonald's conseguir produzir. Nenhum deles chegará à felicidade assim.

Você não pode consumir felicidade a partir do mundo exterior. A felicidade tem de vir de dentro. A felicidade não é passiva. É ativa. Não é um objeto material que você possa adquirir, comer ou possuir. É uma forma de ser que você mesmo cria.

NÃO ADIE A FELICIDADE — BUSQUE-A AGORA

Ao levantar-se, pela manhã, pense no privilégio precioso que é estar vivo — respirar, pensar, desfrutar, amar.

— Marco Aurélio

Na sociedade americana, a combinação da tradição puritana, da ética de trabalho protestante e da crença católica de que "sofrer faz bem para a alma", se encaixa perfeitamente com o que se espera de nós no mundo profissional. Como resultado, somos treinados a adiar a felicidade para um futuro distante. Na esfera religiosa, não esperamos ser felizes antes de morrermos e irmos para o Céu — e só iremos *se* tivermos sido bons e sofrido o suficiente em vida.

No mundo profissional, o equivalente ao Céu é, claro, a aposentadoria. Em ambos os casos, nos oferecem uma felicidade adiada, um *potencial* de felicidade no futuro. Em troca, nos resignamos ao sofrimento e à labuta de cada dia. Aceitamos nosso quinhão na vida, mesmo que insatisfatório, com a esperança e a expectativa de que seremos felizes... um dia.

Ao longo do caminho, nos oferecem algumas recompensas temporárias para que não fiquemos inteiramente desgraçados em nossas vidas: dinheiro, poder, *status*, bens de consumo. Mas nada neste sistema nos encoraja a buscar nossa verdadeira felicidade aqui e agora. Na verdade, essas recompensas temporárias e a promessa de uma felicidade postergada trabalham no sentido de nos distrair da busca da real felicidade que vem da auto-realização.

Não me atreveria a questionar as crenças religiosas ou a concepção de Céu de ninguém. Mas sou altamente cético em relação a um sistema que nos estimula a nos escravizar por toda a vida adulta em empregos que podem ser vazios e nada gratificantes apenas para podermos nos aposentar aos 65 anos. A aposentadoria me parece uma recompensa bastante irrisória por décadas de fiel labuta no local de trabalho.

A aposentadoria pode até mesmo ser mortal. Entre os homens, especialmente, existe o fenômeno "morte por aposentadoria". Um homem passa toda sua vida adulta trabalhando, "sendo produtivo", talvez até sendo importante, poderoso e responsável. Na aposentadoria, de repente, se vê literalmente sem nada para ocupar seu tempo. Aos olhos dos outros, deixou de ser importante, poderoso, passando a ser responsável apenas por seu tempo livre. De repente, não tem nada para fazer, apesar de ter todo o tempo do mundo disponível. Os aposentados norte-americanos são estimulados a passar todo seu tempo envolvidos naquele tipo de "atividade de lazer" prazerosa, mas sem sentido algum, para a qual o restante de nós limita-se aos fins de semana e às férias. Eles vão pescar, jogar golfe, viajar, fazer compras, jantar fora ou assistir a um filme.

A maioria de nós anseia por uma existência preguiçosa e despreocupada em nossos anos dourados. Mas cuidado com o que você deseja. É a mudança abrupta de uma vida profissional ativa para essa vida passiva de lazer sem limites que literalmente mata alguns aposentados nos primeiros anos. Eles simplesmente não conseguem administrar essa adaptação. Depressão e tédio fazem mal à saúde.

Nem todos os aposentados sucumbem aos encantos da indolência sem fim. Muitos levam vidas ativas e ocupadas depois de se aposentar. Dão início a uma outra carreira, fazem trabalho voluntário, exploram talentos ou habilidades que nunca antes tiveram tempo para desenvolver. Mas, novamente, sou forçado a me perguntar: eles realmente tinham de esperar até os 65 anos para pintar aquarelas ou ser voluntários em centros de tratamento de crianças especiais? Se era isso o que eles realmente queriam fazer, por que tiveram de esperar até que três quartos de suas vidas tivessem se passado?

Quando estava na AT&T, muitos de meus colegas trabalhavam literalmente para o dia em que poderiam se aposentar. Sua idéia era: "Sim, meu trabalho é estressante e nada gratificante. Minha carreira, sendo apenas uma peça anônima nessa imensa máquina corporativa, é, em última análise, desprovida de sentido, mas dedicarei meus anos a isso e, no futuro, me aposentarei. Não será maravilhoso?"

Bem, talvez sim, talvez não. Talvez você chegue à idade de se aposentar ou, talvez, o estresse do trabalho dê a você um ataque cardíaco antes que consiga chegar lá. Ou, talvez, você se aposente e descubra que não fazer nada pelo resto da sua vida não é bem aquilo que esperava. O choque pode matar antes mesmo que você comece a desfrutar todo aquele infinito tempo livre.

Vejamos o caso de um dos meus heróis, Roberto Goizueta. Ele era um imigrante cubano que trabalhou sua subida na escada corporativa até tornar-se CEO da Coca-Cola. Tinha imensa admiração por ele em minha infância. Era uma das pouquíssimas personalidades latinas com enorme poder nos Estados Unidos. Trabalhou duro por toda a vida, era uma pessoa bem-sucedida, reconhecida, ganhou e guardou muito dinheiro, e estava planejando sua aposentadoria — morreu aos 65 anos, antes que tivesse chance de aproveitá-la. Que tragédia! No caso dele, não foi "morte por aposentadoria". Foi um fumante inveterado durante toda a vida e morreu de câncer.

E também, como dizem: "Você pode ser atropelado por um ônibus." As pessoas normalmente estão brincando quando dizem isso, mas para mim isso não é brincadeira. Dois de meus avós morreram em acidentes de carro. Isso sempre foi uma valiosa lição para mim, saber que pode acontecer, um dia, de eu estar olhando para a esquerda e vir um ônibus ou um carro em minha direção pela direita. Não importa que tenha planejado cuidadosamente o futuro. Não posso impedir que algo assim me aconteça. Os terríveis acontecimentos de 11 de setembro de 2001 deixaram essa lição assustadoramente clara para todos nós.

É por isso que digo: *não adie sua busca pela felicidade para um futuro distante e hipotético*. Comece sua jornada agora.

A FELICIDADE É FRUTO DA AUTO-REALIZAÇÃO

> *Felicidade: O uso pleno de seus poderes em harmonia com a excelência.*
>
> — John Fitzgerald Kennedy

Entendo auto-realização como o estado em que você está realizando seu potencial máximo.

Já conheci diversas pessoas que não são ricas nem famosas, mas que são extremamente bem-sucedidas e felizes. Elas se encontraram consigo mesmas atuando como professores, artistas, advogados ou cuidando de um negócio pequeno, mas gratificante.

Sucesso é descobrir aquela vocação na vida que permite que você seja a melhor pessoa possível. Isso é uma tarefa muito pessoal. Sucesso é uma coisa diferente para cada um de nós. E cada um de nós tem de seguir seu próprio caminho para chegar até ele. Esse caminho pode *envolver* dinheiro, mas não tem nada a ver com *ganhar* dinheiro.

Há um luxuoso hotel em Manhattan onde um dos *barmen* trabalha há mais de 30 anos. Todo ano ele é classificado pela revista *New York* como "O melhor *barman* de Nova York". É um espetáculo ver esse homem trabalhando. O bar é seu hábitat natural. É um *show*. Ele serve o drinque certo, na hora certa, com o comentário certo. São décadas de experiência e história no hotel. Ele sabe contar casos maravilhosos de pessoas famosas que estiveram no bar ao longo de todos esses anos. Ao olhar para ele, você percebe que é uma pessoa *feliz*. E isso, obviamente não tem muito a ver com dinheiro — ganha o que um *barman* pode ganhar. Isso tem a ver com trabalhar em um ambiente em que se pode ser criativo.

Recentemente, conheci uma mulher que havia sido professora da rede pública por muitos anos e que acabou ficando tão frustrada pela burocracia e pelas falhas do sistema escolar que decidiu montar sua própria escola. Procurou a comunidade e conseguiu dinheiro suficiente para abrir uma escola de ensino fundamental. Agora ela identifica alunos pobres da região central da cidade que se atrasaram nos estudos e retira-os do sistema público que simplesmente não foi capaz de educá-los. Ao terminar os estudos em sua escola, eles conseguem atingir o nível de conhecimento compatível com sua idade escolar. Essa mulher é, com certeza, um sucesso espetacular. Está cuidando de centenas de crianças por ano, transformando suas vidas para melhor e, conseqüentemente, transformando nossa sociedade. E, mais uma vez, seu sucesso não tem nada a ver com seu ganho financeiro pessoal.

Dan Klores é um relações-públicas de Nova York muito bem-sucedido. Michael Jackson, Jennifer Lopez, Jay Leno e P. Diddy são alguns de seus clientes. Ele circula entre ricos e famosos. Seus serviços são constantemente solicitados.

Mas, no fundo, ele sempre soube que a atividade de relações públicas não era sua verdadeira vocação. "Nunca me sentia satisfeito, não importava quanto dinheiro ganhasse ou quanta suposta 'influência' tivesse", disse ao *The New York Times*. "De certo modo, estive em uma prisão emocional durante 20 anos, imobilizado."

O que ele desejava era fazer filmes documentários. "Tenho coisas a dizer, a expressar, que, espero, valham a pena." Aos cinqüenta e poucos anos, afastou-se por um tempo de sua empresa, investiu dinheiro próprio e realizou seu primeiro filme, um relato modesto, mas tocante, de seus amigos de infância com quem cresceu no Brooklyn, *The Boys of Second Street Park*. Criou algo que estava em seu coração, realizou o sonho de uma vida inteira e, claramente, isso foi mais significativo para ele — e para os outros — do que todos os milhões que ele ganharia organizando turnês de divulgação para estrelas de cinema. Enquanto escrevo isso, *The Boys* está em cartaz nos cinemas e ele já começou a trabalhar em um segundo filme.

Pense nas pessoas que você conhece que não são ricas nem famosas, que não estão fazendo nada que nossa sociedade em geral considere atividades de "*glamour*" ou "prestígio" e que, ainda assim, são felizes. Elas estão fazendo o que precisam fazer para se sentirem realizadas como seres humanos. Isso é uma pessoa bem-sucedida.

O termo *auto-realização* foi concebido por um psicólogo, Abraham Maslow. Maslow descreveu uma "hierarquia das necessidades" que pode ser imaginada como uma pirâmide com cinco níveis. Na base da pirâmide estão nossas necessidades psicológicas de sobrevivência mais básicas: tais como ar, comida e água.

Essas necessidades mais básicas precisam ser satisfeitas, acreditava Maslow, antes que possamos desviar nossa atenção para níveis mais altos de necessidades. Esses níveis, conforme subimos na pirâmide, são segurança e proteção; depois, amor e integração; em seguida, estima por nossos companheiros; e, no topo, necessidade de auto-realização. Maslow chamou os quatro níveis inferiores de necessidades de déficit. Com isso, queria dizer que, se lhe faltar algo em um desses níveis — se você tiver um déficit de água, por exemplo —, a necessidade de encontrá-la vem antes de qualquer outra coisa. Se você estiver morrendo de sede, isso é mais importante que comida, sexo ou proteção e, certamente, mais do que amor e estima. Se, por outro lado, você tiver água suficiente — se você puder encher um copo de água e bebê-la sempre que quiser —, isso deixa de ser uma necessidade. Você simplesmente nem pensa nisso. Dirige, então, sua atenção para uma outra necessidade, de nível mais alto.

Quando, basicamente, tivermos satisfeito esses quatro níveis de necessidade, conforme teorizou Maslow, estaremos livres para nos dirigirmos ao nível mais alto, à necessidade de auto-realização. Essa é a necessidade de realizar seu potencial, de "ser tudo o que você pode ser", de se tornar o indivíduo mais completo possível. Os auto-realizadores são pessoas verdadeiramente felizes, que se realizam em suas vidas, as mais criativas e produtivas.

Infelizmente, Maslow acreditava que simplesmente satisfazer as necessidades de déficit era uma luta tão dispendiosa em termos de tempo para a grande maioria dos seres humanos que apenas dois por cento de nós conseguiriam ser auto-realizadores.

Discordo veementemente de Maslow nesse ponto. Muito mais que apenas dois de nós em cada 100 podem alcançar a auto-realização. Mas ele está certo ao dizer que isso não é fácil. E está certo também em afirmar que você não pode alcançar a auto-realização enquanto estiver distraído com o que ele chama de necessidades inferiores.

Os que vivem nos Estados Unidos têm sorte de viver em um país onde a maioria pode satisfazer a maior parte das necessidades de déficit de Maslow com relativa facilidade, em comparação com pessoas de muitas outras sociedades. Exceto pelos muito pobres e pelos sem-teto, a maioria de nós tem o suficiente para comer, um teto para se proteger. Sim, temos obrigações diárias, responsabilidades, contas a pagar. Ainda assim, a sociedade americana nos dá uma liberdade extraordinária para perseguir objetivos mais altos. Em um país desse tipo, *você* é a única pessoa que pode impedir a si mesmo de realizar seus sonhos. É necessário procurar dentro de si e descobrir o que o fará verdadeiramente feliz.

DISTINGUINDO DESEJOS DE NECESSIDADES

Descrevo esse processo de busca e descoberta da seguinte forma: *você precisa primeiramente dividir o mundo entre desejos e necessidades.*

Desejo é aquilo que, literalmente, não é necessário para sua felicidade nem a constrói, embora possa enfeitar sua vida. É muito diferente da verdadeira compreensão de suas necessidades como ser humano. Talvez seja expressar-se artisticamente. Talvez seja ser um atleta. Talvez seja ter um negócio. Ou cercar-se de crianças, como um professor. Ou, ainda, ser o melhor pai, a melhor mãe possível, e vivenciar todas as riquezas (*não* o dinheiro) e alegrias de constituir uma família.

Não importa o que seja, você tem de ser realista quanto ao fato de que isso pode não ter nada a ver com ganhar dinheiro ou com o que você faz para ganhar dinheiro.

Tenho uma grande amiga, uma mulher extremamente doce, que trabalhou na área de marketing a vida toda. E ela *detesta* marketing. No fundo, é uma atleta e adora crianças; adora ensinar esportes às crianças. Eu lhe disse várias vezes: "Por que você não vai ser treinadora?" Mas a combinação do dinheiro que ganha e do *status* de executiva de marketing impediu-a de se auto-realizar. Ela dividiu sua vida entre as dez horas que passa no trabalho e o restante do tempo, quando é uma mãe feliz que pratica esportes com seus filhos. São dez horas por dia, todos os dias, em que ela não faz nada para crescer como ser humano. Tem hoje as mesmas queixas que tinha quando a conheci, dez anos atrás.

Muitas pessoas dividem suas vidas assim. Pense naquele relações-públicas que citei anteriormente, Dan Klores. Ocupado, bem-sucedido, ganhando um bom dinheiro — mas, no fundo e na verdade, um documentarista. Enquanto ficasse reprimindo o documentarista dentro de si mesmo, nenhum sucesso que pudesse alcançar como relações-públicas faria com que se sentisse realmente realizado e satisfeito como pessoa.

Quando você é capaz de separar seus desejos de suas verdadeiras necessidades, consegue olhar para dentro de si mesmo e perceber o que realmente fará você feliz em vez dos falsos ícones de felicidade que a sociedade nos oferece — o carro de luxo, o bairro elegante, todos aqueles desejos que podem influenciar seu estilo de vida. Só então você poderá criar uma condição em que seu estilo de vida se dê a partir do que realmente faz com que você seja feliz por dentro.

Nossa sociedade consumista não facilita em nada esse processo para ninguém. Pode ser extremamente difícil desviar a atenção do distorcido *imaginário de necessidades* que tanto nos distrai e que nos é imposto pela sociedade. Já mencionei isso anteriormente. Estou falando sobre *a substituição da busca material pela busca espiritual.*

Como publicitário, passei pessoalmente por esse processo. No início de minha carreira, trabalhei em uma conta da Coca-Cola, um refrigerante chamado Mellow Yellow, parecido com o Mountain Dew e vendido no Meio-Oeste e no Sul dos Estados Unidos. Nossos dados indicavam que a maioria das pessoas que bebia Mellow Yellow era, basicamente, da classe operária. Fizemos, então, um belo comercial em que mostrávamos uma construção, com trabalhadores rústicos e suados tomando um refrescante Mellow Yellow enquanto uma mulher passava. Foi um enorme fracasso. Quando o público-alvo assistiu àquilo, viu na verdade sua vida — e a rejeitou. Eles não queriam ver suas vidas. Tivemos de mudar o imaginário da peça. Não a mensagem — esse refrigerante é refrescante, você vai atrair belas moças se tomá-lo —, apenas o imaginário. Então, o comercial seguinte, que foi um sucesso estrondoso, mostrava dois sujeitos parecidos com os do primeiro comercial, só que, dessa vez, em um belo carro conversível dos anos 1960, dirigindo pelo deserto. Quando param para beber alguma coisa, conhecem mulheres atraentes.

Basicamente, o que precisávamos fazer era projetar um imaginário de desejo — colocar na tela os desejos do público-alvo — para que, quando comprassem Mellow Yellow, sentissem que estavam comprando também aquele estilo de vida tão desejado.

Esse é o tipo de técnica usada pela comunidade publicitária e de marketing para *criar padrões de necessidade*. Fazendo isso, acabam por criar uma distorção entre desejos e necessidades. Meu filho, que tem três anos e meio, assiste a programas infantis na TV. Ele verá dez comerciais e, depois do oitavo, olhará para mim e para minha esposa e dirá: "Eu *preciso* disso." É a técnica em pleno funcionamento. É óbvio que ele não *precisa* de nenhuma das coisas daqueles comerciais.

Mas é isso o que esta sociedade faz: substitui valores como amor e satisfação verdadeira por consumo. Para muitos de nós, isso acaba distorcendo a relação entre desejos e necessidades. E é impossível ser realmente feliz se você não consegue diferenciar uma coisa da outra.

Mais confuso ainda para as pessoas é o fato de que esta sociedade equipara aquisição e consumo de bens a *status* social. O *status* é diretamente relacionado ao tipo de carro que você dirige, ao relógio que você usa. Não compramos as coisas simplesmente: sentimos necessidade de exibi-las a todos. Como outros primatas, somos obsessivamente preocupados com o *status*. Todos queremos saber onde nos encaixamos na hierarquia tribal e queremos que todos os outros — ou pelo menos os que estão abaixo de nós — também saibam. Exibimos nossa posição social ostentando relógios caros, jóias, carros luxuosos.

Esse tipo de ostentação matou Júlio César. Na Roma republicana, os aristocratas exibiam sua cobiçada posição de membros do Senado usando togas com uma única faixa roxa sobre elas. Uma das razões para que Júlio César fosse assassinado foi ele ter insistido em usar uma toga totalmente roxa, despertando raiva e inveja em seus pares.

Retirar o dinheiro da equação é o primeiro fator crítico quando você tentar identificar o que realmente o fará feliz e quando se concentrar em como alcançar isso. É claro que você terá de lidar com a realidade da vida. Se você tem filhos e todas as responsabilidades que isso implica, não poderá acordar um dia e resolver: "Vou largar meu emprego e ser artista." Mas se não desenvolver um processo contínuo e permanente de auto-análise e aprender a separar seus desejos de suas necessidades, você nunca chegará à verdadeira felicidade.

ENCONTRE O TOPO DE SUA MONTANHA

> *Em postura de silêncio, a alma encontra um caminho de luz, e o que é falso e ilusório se transforma em claridade cristalina.*
>
> — Mahatma Gandhi

Não, não é fácil reconhecer a diferença entre o que você simplesmente deseja e o que realmente necessita. É preciso que você analise e seja honesto consigo mesmo a respeito do que é importante e do que irá movê-lo. Toda minha vida é um processo de auto-análise. Passo a maior parte do dia concentrado em um encadeamento lógico: o que desejo realizar? Qual é o processo? Qual o impacto do que faço no que desejo atingir no final? Trata-se de um questionamento constante sobre o que realmente preciso fazer e o que verdadeiramente me move.

Muitas pessoas simplesmente não sabem o que realmente desejam fazer com sua vida e com seu talento. Não sabem que, na verdade, querem ser cineastas, professores ou treinadores. Passam a vida inteira buscando alguma sensação de realização, mas nunca a encontram porque não identificaram o que realmente estão buscando.

Às vezes, é preciso uma grande crise, um acontecimento trágico ou traumático, para que acordemos e passemos a pensar mais claramente sobre quem somos e o que deveríamos fazer de nossas vidas. Morre alguém querido e o choque nos faz pensar mais profundamente sobre nossa própria vida. "E se eu morresse amanhã?", pensamos. "O que teria realizado na vida?"

Para mim, o processo não se deu após uma tragédia como a morte de alguém, mas foi também um momento de crise pessoal. Aconteceu quando conquistei aquela promoção na AT&T que já mencionei, depois de trabalhar como louco por ela, imaginando ser o que eu desejava. Quando a promoção aconteceu, de repente percebi que não tinha nada a ver com quem eu realmente era ou com o rumo que queria tomar na vida. Embora eu seja bastante consciente, ainda assim tive muita dificuldade em entender isso. Precisei ir ao topo daquela montanha no Nepal para compreender o que se passava.

Mas você não precisa esperar por uma crise para começar a avaliar seu verdadeiro "eu" e suas reais necessidades, tampouco ir até o Nepal para fazer sua jornada de entendimento e autoconhecimento. Em última análise, trata-se de uma viagem *interior*. Joseph Campbell disse: "Seu lugar sagrado é onde você pode se reencontrar continuamente." Por lugar sagrado, ele queria dizer exatamente o estado mental de que estou falando aqui. O topo daquela montanha existe na vida de todo mundo e na sua, também: um lugar ou um estado de espírito onde você pode filtrar as distrações, corrigir as distorções e analisar seus desejos e suas necessidades com clareza. O nirvana não é um lugar, mas uma atitude.

Para algumas pessoas, pode ser exercitando-se numa academia ou praticando ioga e exercícios respiratórios meia hora por dia. Para outras, basta uma hora diária lendo livros que possam influenciar sua vida: talvez a Bíblia ou biografias de pessoas bem-sucedidas nas quais possam se inspirar. Talvez, ainda, a prática de jardinagem, longas caminhadas, corridas ou passeios de bicicleta. Ou, quem sabe, uma ida a um parque, a um museu, a uma igreja.

Onde é esse espaço de tranqüilidade para você? Descubra qual é o lugar onde você pode neutralizar as distrações tumultuadas da vida cotidiana — seu trabalho, o telefone, a televisão, as contas que não foram pagas, até mesmo sua família — por uma ou duas horas, mesmo que seja apenas duas vezes por semana, e ouça sua voz interior, examine o âmago de seus desejos e de suas necessidades.

É fundamental descobrir qual é o mecanismo, qual é seu veículo pessoal para fazer essa viagem interior de descoberta.

RESUMO

- Sucesso é descobrir aquela vocação que permite que você seja a melhor pessoa possível. É ser capaz de olhar para trás e reconhecer que, em cada estágio de sua vida, você pôde realizar o melhor que estava a seu alcance.
- O sucesso não acontece por acaso. Você tem de fazer seu próprio sucesso. Você tem de fazer sua própria sorte.
- Sucesso não é dinheiro. O dinheiro não comprará sua felicidade.
- Você não pode consumir felicidade de fora para dentro. A felicidade tem de vir de seu íntimo. A felicidade não é passiva. É ativa. Não é um objeto material que você pode adquirir, comer ou possuir. É um estado de alma criado por você mesmo.
- Não adie sua busca pela felicidade para um futuro distante e hipotético que pode nunca chegar. Comece sua jornada agora.
- Procure dentro de você mesmo e descubra o que realmente o torna feliz. Faça a distinção entre o que você apenas deseja e aquilo de que verdadeiramente precisa para se realizar como ser humano.

EXERCÍCIO: Distinguindo desejos de necessidades

Há coisas que adquirimos para atender às nossas necessidades básicas de alimentação, proteção e vestuário. Há outras que compramos porque esperamos que, de algum modo, nos façam mais felizes. Todos nós, ricos ou pobres, somos estimulados a tentar comprar o caminho para a felicidade. Uma casa de veraneio, um carro esporte, uma TV ou um aparelho de som maior, uma jóia vistosa, enfim, o que tivermos condição de comprar (ou não, muitas vezes).

O mais engraçado é que o fato de ter essas coisas raramente nos faz feliz como esperávamos. Psicólogos já estudaram a diferença entre a felicidade que imaginamos que tais conquistas nos trarão e seu verdadeiro impacto em nossas vidas. A isso chamaram de "previsão afetiva".

Experimente fazer este exercício. Relacione os últimos cinco objetos que você adquiriu por ter imaginado que eles realmente tornariam sua vida mais feliz e realizada. Não as necessidades, como alimentos ou um teto para morar, mas aquele relógio de ouro, aquela TV maior, aquele aparelho de som mais moderno. Quaisquer que tenham sido, relacione-os.

Primeiro, pergunte a você mesmo: *Algum desses objetos realmente me fez mais feliz ou realizado como ser humano?* Seja honesto.

Agora, coloque-os à prova. E se você fosse forçado a abrir mão de um desses objetos? Escolha, entre os cinco, aquele do qual você prescindiria mais facilmente caso fosse necessário e tire-o da lista.

Agora você tem apenas quatro itens. Está se sentindo pior como pessoa?

Imagine que você seja forçado a desistir de um desses quatro objetos. Escolha um e tire-o da lista. Agora só lhe restam três. Sua felicidade agora é realmente apenas três quintos da felicidade que você sentia antes?

E se você tivesse que eliminar um desses três itens? Tire-o da lista. Você ficou com apenas dois.

Agora escolha um deles e tire-o também da lista.

O que restou? Presume-se que tenha restado o objeto que, entre os cinco, você acredita ser o mais essencial para sua felicidade.

Agora, risque-o também de sua lista.

Todos se foram. O relógio, o som, o carro esporte, a grande TV.

Pense sobre isso com muito cuidado: *O que lhe restou?* Você ainda tem um teto para morar, roupas, comida. Você ainda tem seus sonhos e esperanças, seus interesses mais apaixonantes, suas habilidades e talentos, *sua vida* e todas as possibilidades e o potencial que isso representa.

Não são essas as coisas que verdadeiramente fazem de você uma pessoa feliz? Imagine que lhe pedissem para relacionar essas coisas — minha saúde, minha família, meus amigos e assim por diante — e, em seguida, lhe dissessem para riscá-las da lista, uma a uma.

Essa é uma maneira de distinguir desejos de necessidades.

EXERCÍCIO: O topo de sua própria montanha

Fiz, literalmente, uma viagem — minha jornada ao topo daquela montanha no Nepal — para encontrar o lugar e o momento de descobrir minha missão de vida. Mas você não precisa viajar para fazer sua jornada de entendimento e autoconhecimento. Em última análise, trata-se de uma busca *interior*.

Há lugares, momentos e atividades que lhe permitem filtrar as distrações e demandas da vida cotidiana para que você possa se concentrar e pensar claramente sobre quem realmente é e o que verdadeiramente precisa fazer na vida. São momentos silenciosos em que você pode examinar a si mesmo, determinar o que deseja realizar e planejar como conduzir o processo. Talvez, 30 minutos por dia praticando ioga ou bicicleta na academia sejam suficientes. Quem sabe sentar-se na grama ao sol durante o horário de almoço. Talvez um passeio pelo Museu de Trens e Automóveis. Ou, ainda, ir mais cedo para a cama e, finalmente ler *Dom Quixote*.

Relacione esses lugares, momentos ou atividades em sua vida.

Agora marque em sua agenda visitas regulares a esses lugares. Seja realista ao fazer uma programação, para que seja capaz de cumpri-la. Não importa se será por meia hora depois do expediente ou uma hora por semana, ou o que você conseguir realizar. Comece logo a visitar o topo de sua montanha pessoal sempre que realmente puder.

2

SEGUNDO PRINCÍPIO

Estabeleça objetivos e seja flexível

> *Por que não se arriscar? É nos galhos mais altos que estão os frutos mais doces.*
>
> — WILL ROGERS

QUEM VOCÊ REALMENTE É?

Especialmente nos Estados Unidos, quando nos perguntam "Quem é você?", muitos de nós respondemos inicialmente como se nos tivessem perguntado "O que você faz?". Dizemos, então, "Sou segurança em um banco", "Sou faxineiro em um grande escritório" ou "Desenvolvo *software*". Respondemos como se nosso trabalho, nossa condição financeira ou qualquer outra coisa relativa a nossa situação atual fosse o que realmente definisse quem somos.

Há pessoas que de fato se realizam por meio de seu trabalho. E isso não tem nada a ver com o salário que recebem ou o *status* que seu emprego lhes confere. O *barman* que mencionei no Capítulo 1, a professora que devotou sua vida a ajudar adolescentes dos centros de detenção a concluírem seus estudos, a talentosa florista que abriu sua própria floricultura e faz de cada arranjo uma obra de arte — eles estão em todos os campos e esferas da vida.

Mas muitos de nós mantemos um emprego apenas para suprir nossas necessidades financeiras ou simplesmente porque nunca pensamos seriamente a respeito de alguma outra atividade. Nossos empregos atuais são o que *fazemos*, não o que *somos*. Você não é um caixa de supermercado, um guarda de segurança ou um executivo júnior de uma companhia de seguros. Isso é o que você faz para viver. Não há absolutamente nada de desonroso ou "errado" nisso, mas isso não o define como ser humano.

Ninguém sabe disso melhor que as pessoas do meio artístico nos Estados Unidos. Na maioria dos restaurantes de Nova York e de Los Angeles, há uma boa chance de que o garçom ou garçonete que está atendendo sua mesa seja um jovem ator batalhando seu espaço. Se você lhe perguntar quem é, ele dirá: "Sou um ator. Estou trabalhando como garçom enquanto espero minha grande chance." É claro que *nem todos* conseguirão sua grande chance, mas pelo menos fica muito claro que o que eles estão fazendo para pagar suas contas não é o que realmente são.

Há uma diferença fundamental entre ocupação e vocação. Muitas pessoas confundem as duas coisas. Nossas ocupações são nossos empregos — o que fazemos para viver e pagar nossas contas. Nossas vocações são nossas inclinações mais profundas: aquilo na vida que verdadeiramente definem quem somos. Algumas pessoas têm sorte suficiente para que sua vocação seja também sua ocupação. Muitos de nós precisamos compreender essa distinção e separar o que *fazemos* do que *somos*.

Conheço um pintor que por muitos anos ganhou a vida como garçom. Ele não se saía mal atendendo os clientes, mas também não se importava muito com isso. Era apenas o que fazia para que tivesse condições financeiras de continuar pintando. Certa vez, ele trabalhava em um restaurante quando o *maître* chamou-o de lado e lhe disse em tom grave: "Sinto muito, mas terei de dispensá-lo. Não sei como lhe dizer isso, Rick, mas você não é garçom." Rick pensou por um segundo no que ouvira, abriu um largo sorriso e disse: "Obrigado!"

Na Introdução, contei que trabalho desde a quinta série, quando era frentista em um posto de gasolina. Trabalhei durante todo o ensino fundamental, o ensino médio e a faculdade. Depois de formado, entrei diretamente no mundo profissional. De frentista e limpador de gaiolas a entregador de comida chinesa, não me arrependo de nenhum desses empregos. Em cada um deles, aprendi coisas sobre o mundo e sobre mim mesmo.

Mas será que algum deles me definiu como pessoa? Não. Eram meramente ocupações, não vocações. Quem eu realmente era não era o lavador de pratos ou balconista de lanchonete, nem mesmo o diretor-executivo da Ogilvy & Mather. E isso vale para muitas pessoas. Quando perguntam "mas quem é você *realmente*?", aquele gerente poderia dizer: "Bem, sou gerente de um banco, mas minha *paixão verdadeira* é a fotografia." Como Rick diria, "Eu sou um artista", ou como o bem-sucedido relações-públicas sabia que, no fundo, era um documentarista. Muitos de nós temos esse outro "eu", quase sempre secreto, dentro de nós mesmos — o verdadeiro "eu", que reprimimos e frustramos ou que ainda nem descobrimos. Deixamos que nossos empregos, nossas contas, nosso *status* social, as necessidades e expectativas dos outros definam quem somos externamente. Permitimos que nossas ocupações ocultem nossas verdadeiras vocações. Freqüentemente, aquela pessoa que parecemos ser, aquela que apresentamos ao mundo e até mesmo a nossos amigos e amores, tem muito pouco a ver com quem realmente somos por dentro.

Quando encontrar o topo de sua própria montanha, aquele lugar silencioso onde você pode filtrar todas as influências externas, tudo aquilo que o distrai de sua vida, e se concentrar, você poderá recomeçar a se familiarizar consigo mesmo, com seu "eu" interno, seu verdadeiro "eu". Estando sozinho com seus pensamentos, você poderá ser completamente honesto consigo mesmo. Não há mais ninguém no topo de sua montanha — não há chefes nem colegas de trabalho, não há amigos e nem mesmo sua família — que possa discordar de você ou se aborrecer com suas respostas para perguntas como: "Quem sou eu realmente?",

"Qual é minha vocação?" e "O que me faria sentir verdadeiramente que estou aproveitando meu potencial como ser humano?". Você estará livre para responder honestamente: sou um cineasta, sou uma bailarina, sou um empresário, sou um professor exemplar, sou uma mãe zelosa, sou um fazendeiro que cultiva orgânicos.

Obviamente, no entanto, simplesmente dizer a si mesmo que você *deseja* ser uma bailarina ou um astronauta não é o ponto final de sua jornada. É, na verdade, apenas o primeiro passo. E se você estiver se enganando? E se o que você identificou não for seu verdadeiro "eu", mas simplesmente um sonho ou uma fantasia cultivada ao longo da vida?

O próximo passo é analisar o objetivo que você identificou. É isso o que realmente sou? É isso o que realmente quero fazer? Você deve testar a hipótese fazendo a si mesmo algumas outras perguntas e respondendo-as o mais claramente possível. Algumas dessas perguntas podem ser:

1. Por que acredito que isso realmente me realizará como pessoa?

2. Tenho a habilidade e o talento básico necessários?

3. Que outras habilidades preciso adquirir? Como?

4. Sou capaz de atender a outros requisitos?

Se seu objetivo for tornar-se jogador de beisebol da primeira divisão, mas você já tem 45 anos e não arremessa uma única bola desde seus tempos de escola, respostas honestas às perguntas 2 e 4 lhe mostrarão que está velho demais e destreinado para isso.

Da mesma forma, digamos que você tenha 30 anos, 68 quilos, que trabalhe e seja mãe de dois filhos, e que seu objetivo seja tornar-se *prima ballerina*. Uma auto-avaliação honesta indicará que isso também é uma expectativa altamente improvável para você. Bailarinas começam a dançar na infância e praticam arduamente todos os dias de sua vida. Elas dedicam-se obsessivamente ao balé. O peso delas também está bem abaixo de 68 quilos. Recentemente, o Bolshoi demitiu uma bailarina por excesso de peso — 49 quilos!

Apresento esses dois exemplos por serem representativos de uma síndrome que impede muitos adultos de pensar claramente sobre o que os faria realmente felizes: *não querer deixar para trás as fantasias da infância*. Ser jogador de beisebol da primeira divisão é um sonho de menino; tornar-se *prima ballerina* é um sonho de menina. São respostas comuns à clássica pergunta: "O que você vai ser quando crescer?"

É maravilhoso querer ser jogador de beisebol, bailarina, astronauta ou uma estrela de cinema quando se tem oito anos de idade. Mas manter-se preso a esses sonhos quando se tem 28 ou 38 e não se desenvolveu nas habilidades necessárias é algo completamente diferente.

Se você já viveu metade de sua vida, talvez precise encarar o fato de que, seja qual for o motivo, essas oportunidades ficaram para trás. Apegar-se a esses sonhos é o melhor que você tem a fazer nessa altura de sua vida? Será que você não está apenas adiando a busca por seu verdadeiro "eu"? De que serve projetar uma pessoa que você jamais será e depois dizer "já que não posso ser bailarina, não importa o que vou fazer". É uma maneira de se desligar psicologicamente — uma desculpa para não pensar seriamente sobre seus objetivos e potenciais nesta fase de sua vida.

Todos vivemos nossas vidas em fases. Quem você era, o que sonhava poder realizar e o que podia realizar quando estava no colégio é muito diferente de quem você é e do que pode realizar com 30 e poucos anos. E também é diferente do que será quando tiver 65. Parte do processo de descoberta de seu verdadeiro "eu" é deixar para trás idéias antiquadas sobre si mesmo, preconceitos quanto ao que você pode ou não fazer, quanto ao que deseja ou não realizar.

Por favor, entenda: não estou dizendo que um dia você fica velho demais para ter sonhos e objetivos, e buscá-los. A avó de minha esposa aprendeu a tocar violino aos 86 anos. Aos 88, ela aprendeu a escrever sua poesia em um computador. Ninguém teria dito a ela que estava sendo realista ao imaginar que pudesse fazer essas coisas na idade em que estava. Mas ela não deixou que isso a impedisse de fazê-las.

O que é muito diferente daquele jogador de 45 anos e daquela bailarina de 30. Ao contrário dos objetivos deles, os da avó de minha esposa eram exeqüíveis, mesmo em sua idade já avançada. Se ela tivesse resolvido tornar-se bailarina em vez de aprender a tocar violino, seria bem diferente.

Nós todos conhecemos pessoas que parecem ter sonhos que, além de não serem nada realistas, também são absolutamente ridículos. Pense nos concorrentes que participam de audições para o popular programa de tevê *American Idol*.* Na primeira rodada, temos uma audição com concorrentes cheios de esperança diante de uma banca com três jurados. Se passarem, serão convidados para ir a Hollywood na rodada seguinte. Para alguns desses concorrentes, o sonho do estrelato é tão claramente desconexo com seu verdadeiro nível de talento, que é triste assisti-los. Essas pessoas investiram suas vidas no sonho de se tornar estrelas da indústria fonográfica, embora algumas delas não consigam cantar uma única nota.

Eu diria que essas pessoas não passaram efetivamente por um processo de determinação de seus verdadeiros desejos e reais objetivos. Elas parecem ter decidido que "precisavam" ser astros ricos e famosos, rodeados de fãs e admiradores. É claro que não precisam realmente disso. O que precisam é se realizar como seres humanos. Dificilmente conseguirão isso passando por bobos em cadeia nacional. Para elas, participar desse concurso de talentos equivale à esperança de ganhar na loteria: um esquema de enriquecimento rápido e fácil, não uma real missão de vida. Essas pessoas precisam analisar seus desejos e necessidades cuidadosamente.

O pretenso jogador de beisebol e a sonhadora bailarina também precisam fazer isso. Uma auto-avaliação honesta poderia convencê-los a ajustar sua percepção. Eles não precisam necessariamente abandonar por completo seu interesse por esportes ou pela dança. O homem de 45 anos pode encontrar alguma realização como treinador de times infantis, por exemplo. A mãe de 30 ainda pode se envolver em atividades relacionadas à dança. Ela poderia se candidatar a uma vaga no escritó-

---

* *Reality show* que acompanha a preparação profissional e uma série de seleções para jovens cantores. (*N. do E.*)

rio de uma companhia de dança ou voltar a estudar e habilitar-se em terapia corporal.

Mas, certamente, ambos precisam fazer uma análise honesta e rigorosa desses sonhos de infância e perceber qual é sua relevância em sua vida adulta. E, se esses sonhos forem somente fantasias infantis que os impedem de buscar ativamente a felicidade, é preciso que sejam abandonados.

ESCOLHA SEU PRÓPRIO CAMINHO

> *Dois caminhos se abriram em um bosque e eu...*
> *Eu escolhi o caminho menos percorrido. E isso fez toda a diferença.*
>
> — ROBERT FROST

Muitas pessoas esperam que os outros as façam felizes. De uma maneira bem particular, isso pode nos desviar do caminho tanto quanto esperar que o dinheiro nos traga felicidade. Você tem de fazer isso por si mesmo. *Apenas você pode desenvolver seu próprio senso de valor. Apenas você pode identificar seu objetivo e percorrer seu caminho em direção à felicidade e ao sucesso.* Ninguém mais pode fazer isso por você.

Muitas pessoas vivem a vida passivamente. Apenas se deixam levar pela vida, dia após dia, reagindo ao que o mundo lhes oferece. Essa maneira reativa de viver é uma ótima forma de chegar aos 60 ou 70 anos e, de repente, descobrir que há muito pouco que você possa dizer que tenha realizado em sua vida. Como é triste ter de dizer: "Essa foi minha jornada. E isso foi tudo que pude realizar?" A urgência em aproveitar este momento para dar início a um processo de auto-análise e descoberta nunca é exagerada. Pode ser que não haja amanhã. Cada dia que você adia seu processo de auto-realização é um dia desperdiçado que potencialmente se acumula em uma vida desperdiçada porque você não sabe quanto de vida lhe resta, por quanto tempo ainda estará por aqui.

Joseph Campbell, o grande estudioso das culturas e religiões, mostrou que a idéia da vida como uma jornada foi adotada por povos do mundo inteiro. Em muitas culturas, há rituais de "iniciação" bastante precisos para marcar o momento na vida de um adolescente em que a infância termina e o jovem dá o primeiro passo na vida adulta. Trata-se de uma jornada que cada pessoa deve fazer por si mesma em um caminho que só ela seguirá.

Temos ritos de iniciação semelhantes em nossa sociedade. Entre os judeus, há o *Bar Mitzvah* (para os meninos) e o *Bat Mitzvah* (para as meninas). Para os católicos romanos, a Crisma serve ao mesmo propósito ritualístico básico. E, ainda assim, nossa sociedade nem sempre nos estimula a escolher nosso próprio caminho na vida. Ao contrário, geralmente espera-se que simplesmente aceitemos algum papel que já tenha sido criado para nós — trabalhar em uma grande empresa, por exemplo, ou fazer um "bom casamento". Somos mais estimulados a ser seguidores ou membros de uma equipe do que líderes e inovadores. Esperam de nós, com freqüência, que sejamos passivos e fiquemos satisfeitos com o que a vida nos oferece, muito mais do que sejamos criativos e pró-ativos em tornar nossas vidas tão ricas e gratificantes quanto possível.

Simplesmente seguir um caminho de vida que lhe foi traçado por outras pessoas não é a direção correta para uma vida feliz ou bem-sucedida. Você somente será capaz de alcançar o verdadeiro sucesso e a felicidade se avaliar suas próprias necessidades, estabelecer suas próprias metas e seguir seu próprio caminho.

Você deve conhecer um pouco dos antigos contos sobre os cavaleiros da Távola Redonda e o Santo Graal. Para os contadores de histórias da Idade Média, o Graal foi o cálice usado por Jesus na Última Ceia, um dos mais sagrados objetos de toda a cristandade. Seu paradeiro era envolto em mistério. Encontrar e alcançar o Graal representava o mais alto nível de conquista espiritual.

Os cavaleiros da Távola Redonda do rei Artur saíram em busca do Graal para levá-lo a Camelot. Era a tarefa mais nobre e sagrada que poderiam imaginar. Quando os cavaleiros saíram em sua busca, pensaram que seria uma desgraça se todos saíssem juntos, em um único grupo; cada cavaleiro deveria partir sozinho e seguir seu próprio caminho, na esperança de encontrar o Graal. E, assim, quando chegaram diante de uma densa e vasta floresta, onde imaginavam estar escondido o Graal, cada cavaleiro entrou sozinho por entre as árvores em um ponto onde ninguém antes tivesse criado um caminho ou uma trilha. No caminho pela floresta, se um cavaleiro chegasse à trilha de outro, ele não a seguiria. Os que seguissem trilhas já criadas por outros se desviariam inevitavelmente para longe do Graal, para longe de seu objetivo. Seguindo seu caminho individual, apesar de todo o medo e dos obstáculos que pudessem surgir, cada cavaleiro produziria seu resultado próprio, único.

Acredito realmente que a vida seja assim para cada um de nós. Se você não seguir seu próprio caminho, nunca encontrará seu Graal pessoal do verdadeiro sucesso e da verdadeira felicidade. E, como para cada um dos cavaleiros, seu caminho para o sucesso é totalmente individual, totalmente único. Sim, a floresta é escura, densa e assustadora, repleta de obstáculos e desafios, mas são imensas as recompensas por seguir seu próprio caminho por entre as árvores.

O que também pode impedir as pessoas até mesmo de tentar alcançar seus objetivos são os deveres e as responsabilidades que elas têm para com os outros. Você tem um marido ou uma mulher, você tem uma filha que está crescendo a cada dia, você tem de juntar dinheiro a cada quatro semanas para pagar as prestações da casa. Você não pode simplesmente chegar do trabalho um dia e dizer à sua família: "Pedi demissão. Vou atrás de meu verdadeiro objetivo de vida e ser jogador de beisebol (ou bailarina)."

Mas eu lhe digo que você não pode ser um bom pai, uma boa mãe, um bom filho ou uma boa filha a menos que esteja realmente feliz com você mesmo. Portanto, *descobrir quem você é de verdade, buscar o cami-*

nho da auto-realização, é o maior presente que você pode dar não apenas a si mesmo, mas a todos que o rodeiam. Suas obrigações em relação aos outros podem significar que você precisa escolher um caminho diferente em direção à felicidade do que aquele que escolheria se fosse sozinho no mundo. Podem significar que você não pode simplesmente abandonar seu emprego para aprender a pintar ou dançar balé. Talvez você precise dar passos pequenos. Mas, no final, não seguir seu plano para a auto-realização é o caminho para a destruição — não apenas sua destruição, mas possivelmente a destruição de seu casamento e de outros relacionamentos.

Você precisa acreditar em si mesmo e em sua visão. Essa crença tem início com o processo de auto-análise e com a descoberta de quem você deseja ser e o que, no fundo, você deseja fazer, a compreensão de sua vocação. Quando, então, tiver identificado o que verdadeiramente precisa para se realizar como ser humano, você deve confiar em si mesmo e ter fé nessa visão, mesmo que não pareça, a princípio, ser muito "realista". Se você tiver conduzido honestamente sua auto-avaliação, então seu objetivo não será fantasioso, por mais distante que pareça. Você precisa acreditar que seu verdadeiro "eu" não é, por exemplo, um relações-públicas, apesar de todo o dinheiro e poder que isso possa lhe trazer. Dan Klores sabia que, no fundo, ele era na verdade um documentarista. Para concretizar essa consciência que tinha de si ele precisava acreditar que era um documentarista antes mesmo de pegar em uma câmera. Se for isso realmente o que está em sua essência como pessoa e se sua auto-análise tiver lhe mostrado que se trata de algo que você pode realizar, o primeiro passo para sua transformação pessoal é a crença em que isso é, de fato, o que você deveria ser, que isso é o que você é. Você poderá, então, alterar sua condição para que o mundo exterior entre em conformidade com essa realidade interna.

O indivíduo não realizado é um ser amargo, perigoso. O psicólogo Abraham Maslow, que formulou a hierarquia das necessidades discutida no Capítulo 1, argumentava que o que chamamos de comportamento "destrutivo" — destruição, sadismo, crueldade, malícia e assim por diante — é sintoma da torturante insatisfação da alma, da frustração que sentimos quando não estamos atendendo a nossas necessidades de auto-realização. Isso pode se revelar de formas relativamente inofensivas ou, como vemos todos os dias em nossa sociedade, pode resultar em indivíduos doentios que agridem de forma impactante — comportamento criminoso violento — ou insignificante — um balconista que se recusa a olhar você nos olhos, um motorista que dá uma fechada em seu carro na estrada, um parasita corporativo que tem prazer em tornar as coisas difíceis para todo mundo. Não frustre seus sonhos. Você nunca encontrará a verdadeira felicidade ou o real sucesso dessa maneira.

ESTRATÉGIA E TÁTICA

Nenhum vento sopra a favor de quem não sabe para onde ir.

— Sêneca

Visualizar seu futuro e, depois, traçar um rumo em direção a ele requerem tanto pensamento *estratégico* quanto *tático*. Muitas pessoas ficam confusas quanto à diferença entre estratégia e tática. Em termos bem simples, estratégia significa um planejamento abrangente, colocado em linhas gerais. Tática refere-se aos passos dentro de uma estratégia que permitem que o plano maior se realize. Do ponto de vista militar, planejamento estratégico refere-se ao motivo e à forma com que você planeja ganhar a guerra; tática é como você planeja e conduz cada uma das batalhas que, somadas, levarão à vitória final.

Algumas pessoas são boas apenas em pensamento estratégico; outras, apenas em táticas. Pessoas que pensam estrategicamente são ótimas na visão geral, no toque de gênio, mas não conseguem concentrar-se no planejamento tático do dia-a-dia que as levará ao objetivo principal. Elas sentem-se frustradas porque vêem seu objetivo com bastante clareza, mas não conseguem entender por que não conseguem fazer tudo acontecer aqui e agora, sem ter de se preocupar com aquelas pequenas etapas tão aborrecidas ao longo do caminho.

Outras pessoas são excelentes em resolver os detalhes técnicos cotidianos de sua vida, mas não têm a noção do todo, não têm um entendimento ideal claro do que seja seu objetivo estratégico ou aonde a vida irá levá-las. Elas simplesmente vivem um dia após o outro, basicamente reagindo ao que cada um lhes apresenta. Talvez não experimentem nenhuma terrível infelicidade entre um dia e outro — afinal, estão se arranjando, estão dando conta, deixarão que o futuro cuide de si mesmo. Mas também se sentem frustradas porque têm consciência, ainda que seja apenas uma vaga sensação de desconforto e insatisfação, de que sua vida deveria ter mais sentido e acrescentar algo mais do que simplesmente aqueles pequenos detalhes diários. O problema é que elas não têm a menor idéia do que seja o objetivo maior.

Recentemente tive um exemplo de um péssimo planejamento estratégico e tático. Era um feliz casal na casa dos 30. Ele projetava e construía espaços comerciais como lojas e restaurantes. Ela era uma excelente cozinheira. E ambos eram apaixonados *gourmets*. Ele havia acabado de concluir a construção de um belíssimo restaurante. Quando foi receber seu pagamento, no entanto, os proprietários lhe disseram que haviam ficado sem dinheiro. Eles não apenas ficaram impossibilitados de abrir o restaurante, como também não puderam pagar o arquiteto pela obra. (Obviamente, eram também péssimos em planejamento tático!) Em vez de dinheiro, ofereceram a ele o restaurante.

Ele e sua mulher sempre sonharam em ter seu próprio restaurante, do tipo *nouvelle cuisine*, que eles adoravam, com um *menu* corajosamente criativo e uma fantástica carta de vinhos, além de todos os acompanhamentos típicos de um bom *gourmet*. Eles nunca pensaram que isso realmente fosse acontecer um dia. E agora o destino parecia estar oferecendo a eles uma oportunidade de ouro. Eles sabiam que seria um grande salto no escuro. Nenhum dos dois tinha experiência alguma com restaurante. E eles tinham consciência de que os restaurantes estão entre os pequenos negócios de maior risco; um enorme percentual de novos restaurantes fecha ainda no primeiro ano. Mas parecia ser a oportunidade única, daquelas que acontecem apenas uma vez na vida, a qual eles simplesmente não poderiam recusar.

É de admirar sua coragem e determinação para dar esse passo. Quando abriram o restaurante, era o tipo de estabelecimento com o qual sempre haviam sonhado: magnificamente projetado, com uma jovem e engenhosa *chef* e tudo mais.

Eles batalharam desde o dia da inauguração, mas, em um ano, tiveram de fechar as portas.

Por quê? Um dos motivos é que eles se revelaram maus estrategistas. Não fizeram direito a lição de casa. Acontece que as pessoas que comiam fora na vizinhança onde o restaurante se localizava não gostavam de *nouvelle cuisine* ou cardápios criativos nem sabiam distinguir um vinho bom de um ruim. Tudo que sabiam é que os bons vinhos eram caros demais. Elas gostavam mesmo era de um velho e bom restaurante italiano e de churrascarias. Muitas delas eram pessoas da terceira idade que iam em grupo a restaurantes que abrissem cedo e que oferecessem descontos em pratos especiais para os primeiros clientes do dia. Essas pessoas estavam muito mais interessadas em comer pratos bem servidos a preços reduzidos do que pagar para ter uma experiência gastronômica única. Elas queriam um copo de vinho da casa cheio até a boca, não um requintado Bordeaux em uma taça *snifter* especial. Esse novo restaurante era simplesmente sofisticado demais, experimental demais para a região.

Seus proprietários poderiam ter previsto tudo isso. Uma visita aos restaurantes mais movimentados da região e um pouco de pesquisa sobre o perfil dos moradores teria dito tudo que precisavam saber. Eles poderiam, então, ter adaptado de alguma forma seu sonho à realidade da vizinhança para aumentar suas chances de sucesso — ou seja, ter mudado de estratégia — ou até mesmo desistido do projeto. Uma vez aberto e funcionando o restaurante, eles tiveram uma segunda oportunidade de se adaptar. Eles poderiam ter sido mais flexíveis em relação ao *menu* e à carta de vinhos, talvez pudessem ter oferecido descontos para atrair a população local — ou seja, ter mudado de tática. Mas isso não cabia na visão que tinham do projeto.

Mais uma vez, é preciso lhes dar crédito pela coragem de suas convicções. Mas, no fim, essa relutância em se curvar aos fatos arruinou o empreendimento. Eles foram bem-sucedidos na visualização e criação do restaurante, mas falharam completamente em sua visão estratégica da vizinhança e em suas táticas práticas que talvez os ajudassem a fazer do projeto um sucesso.

A compreensão da necessidade de raciocínio tanto estratégico quanto tático é um passo fundamental no processo de planejamento. É preciso que você primeiro visualize seu objetivo estrategicamente e, depois, mapeie as etapas táticas que o conduzirão até ele.

Comece, literalmente, desenhando um mapa ou fazendo uma lista em uma folha de papel: "É aqui aonde quero chegar, e esses são os passos."

Vamos tomar um exemplo simples. Sou jovem e quero ser médico. Quais são os passos básicos para que eu chegue lá? Bem, precisarei de:

- bom desempenho na escola para entrar na faculdade,

- quatro anos de curso básico,

- quatro anos de escola de medicina,

- dois anos de residência.

Mas nem sempre nossos objetivos podem ser definidos de forma tão simples. Talvez meu objetivo seja me casar. Falar é fácil, mas encontrar a pessoa certa é algo bem mais difícil. Se minha estratégia for encontrar minha alma gêmea, quais são as ações táticas que me levarão a ela? É claro que não posso simplesmente ficar em casa esperando que minha princesa, ou meu príncipe encantado, venha bater à minha porta. Eu preciso sair, circular, me colocar em situações em que possa conhecer outras pessoas solteiras. Pego, então, minha folha de papel e começo a anotar todas as idéias que me vêm à cabeça.

Uma tática poderia ser simplesmente ir a mais festas.

Outra poderia ser participar do grupo de alguma igreja e, finalmente, tomar a decisão de encarar o evento "Dançando com o Senhor" nas noites de sexta-feira.

Outra, ainda, poderia ser associar-me a clubes ou outras organizações que, ao mesmo tempo em que atendem a meus interesses, colocam-me em situações em que poderia conhecer outras pessoas solteiras. Como gosto de dançar, por exemplo, poderia participar de um desses grupos que se reúnem semanalmente para danças de salão, quadrilha ou tango.

Poderia também me valer de alguns dos muitos *sites* de encontros disponíveis na Internet.

Conforme você vai fazendo sua lista, a necessidade de algumas outras etapas extras ou preliminares poderá tornar-se evidente. Se, por exemplo, você for tão tímido a ponto de nunca falar com ninguém, estar em público pode não ser muito agradável. Você precisará primeiro passar por etapas de construção de sua autoconfiança — talvez um curso de oratória ou de teatro.

Conheço uma mulher de 30 e poucos anos, Laurie, que estava passando por sérias dificuldades financeiras. Ela criava sozinha sua filha de dez anos e lutava arduamente para conseguir pagar o aluguel todo mês. Era uma fotógrafa experiente, uma boa escritora, já fora atriz e modelo — um impressionante pacote de atributos físicos e intelectuais, mas infelizmente pouco aproveitável em uma economia em crise, e quando se é mãe solteira que tem de buscar a filha na escola todos os dias às três da tarde. Ela procurava emprego feito louca e se candidatava a qualquer coisa: babá, garçonete, recepcionista, digitadora. Mas ela estava em um beco sem saída. Ou os empregadores a consideravam superqualificada para o cargo ou o horário de trabalho a obrigaria a pagar para que alguém cuidasse de sua filha, o que consumiria boa parte de seu salário.

Quando se está em uma situação assim, desesperadora, torna-se extremamente difícil pensar em uma estratégia de longo prazo para chegar a seu Graal. Todo o seu tempo, sua energia e sua inventividade são absorvidos por necessidades e problemas imediatos. Mas talvez sejam esses os momentos em que é psicologicamente benéfico ter um objetivo maior na vida além das dores de cabeça e preocupações do dia-a-dia. É uma fonte de poder ser capaz de dizer: "Aqui é onde estou hoje, mas não é onde estarei amanhã", mesmo que "amanhã" seja daqui a cinco ou dez anos. Ter planos de longo prazo pode ajudar você a lidar com problemas de curto prazo.

Ao lhe perguntarem sobre o que realmente queria fazer na vida, Laurie respondeu rapidamente que gostaria de reunir sua experiência como fotógrafa, escritora e atriz: ela queria ser cineasta. Para uma mãe solteira em sua situação, isso poderia parecer um objetivo completamente fora da realidade. Mas, em vez de desistir, ela trabalhou de trás para a frente a partir do aparentemente inatingível objetivo e visualizou as etapas táticas que a conduziriam em um caminho que pudesse, no futuro, levá-la até ele.

Ela decidiu que o primeiro passo seria restabelecer-se como fotógrafa profissional. Muito bem, mas como fazer isso? Primeiro, ela precisava reorganizar o portfólio de seu trabalho fotográfico e fazer novas ampliações de suas melhores fotos. Começaria, então, a distribuí-lo pelas agências e representantes de fotógrafos que pudessem se interessar por seu trabalho. O problema é que, para fazer ampliações de suas fotos coloridas com qualidade profissional, teria de desembolsar cerca de cinco mil dólares. Na condição em que se encontrava, cinco mil seriam o mesmo que 500 mil.

Ela resolveu, então, concentrar-se em suas fotos em preto-e-branco, as quais tinha condições de ampliar sozinha. Mas havia aí um outro problema: ela não tinha câmara escura nem equipamento. Ela descobriu que havia instalações profissionais de câmara escura em sua cidade que poderiam ser alugadas por hora. Dessa maneira, ela gastaria 500 dólares em vez de cinco mil para recompor seu portfólio. Não seria o portfólio ideal sem as fotos coloridas, mas seria o suficiente para que pudesse bater à porta das agências. Em sua situação financeira, 500 dólares ainda eram uma quantia considerável, mas ela não precisaria desembolsar tudo de uma vez. Poderia alugar a câmara escura por uma hora ou duas por vez, a 20 dólares a hora, e recompor seu portfólio de forma gradual e acessível.

Obviamente, Laurie não se tornaria cineasta da noite para o dia. Ela talvez nunca alcance seu objetivo. Mas, ao dividir o caminho em etapas menores e factíveis, ela percebeu que poderia realizar ações positivas e lentamente começar a realizar seu objetivo em vez de simplesmente desistir diante da enormidade de um sonho nada "realista". E esses pequenos passos poderiam ser dados enquanto ela continuava a procurar emprego, a criar sua filha e a pagar o aluguel todo mês. Não seria fácil — na verdade, seria extremamente difícil —, mas era possível de se fazer. Talvez isso tudo não a leve até seu objetivo final, mas certamente a levará a *algum lugar* — algum lugar bom.

O grande psicólogo Alfred Adler (algumas pessoas afirmam ser ele, e não Sigmund Freud, o verdadeiro "pai da psicologia") enfatizou a importância de se ter um objetivo futuro como forma de lidar com as provações enfrentadas no presente. "Por meio desse objetivo concreto", escreveu ele, "o indivíduo pode pensar e se sentir superior às dificuldades do presente porque tem em mente seu sucesso no futuro." O ganho psicológico que nossa fotógrafa obteve por ter um objetivo e um esboço do percurso em direção a ele ajudou-a a lidar com as deprimentes circunstâncias de seu dia-a-dia. O desespero e a desesperança são os inimigos de todos nós. Um objetivo e um plano são armas poderosas no combate ao desespero.

A descoberta de seu verdadeiro "eu" pode tornar-se um poderoso farol a guiá-lo nos momentos mais sombrios. Esse farol estará sempre aceso e você sempre poderá se orientar por sua luz. Mesmo em momentos de grande desespero, você ouvirá uma voz baixinha, dentro de você, que diz: "Eu não sou uma pessoa arruinada que não pode pagar o aluguel do mês que vem. Sou, na verdade, uma cineasta."

Visualizando seu sucesso e priorizando os passos que levarão você a seus objetivos, até mesmo as tarefas mais desanimadoras tornam-se administráveis.

MUDANÇAS DE TÁTICA E CORREÇÕES DE CURSO

Toda realidade futura é composta por diferentes partes: acontecimentos que você vivenciou, coisas que fez para chegar lá, situações nas quais você se colocou. Planejar é desconstruir o futuro para ver que partes são essas. É um exercício complicado, porque, por definição, não sabemos o que o futuro nos reserva. E não se pode também forçar o futuro. Portanto, quando estiver planejando seus passos, é preciso ter certa flexibilidade.

A flexibilidade é importante por dois motivos. Primeiro, porque acontecerão coisas que você não planejou. É preciso que você esteja aberto e pronto para tirar vantagem de oportunidades novas e inesperadas que surgirem e que você seja capaz de incorporá-las à sua visão. Veremos isso mais detalhadamente no próximo capítulo.

Mas há também o fenômeno oposto, que eu chamo de "um piano de sete toneladas caindo em sua cabeça". Tudo está indo muito bem, você fez tudo que deveria fazer e, de repente, do nada, acontece um desastre. Tudo muda a partir desse ponto. O divórcio de meus pais foi um piano de sete toneladas que caiu em minha cabeça quando eu era criança. Depois, a StarMedia navegava brilhantemente quando, de repente, a Internet entrou em colapso ao mesmo tempo em que a economia latino-americana perdeu força. Iríamos interconectar toda a América Latina quando o piano de sete toneladas caiu sobre nós. E não há nada que se possa fazer. Há um limite além do qual você não pode controlar os acontecimentos e todo o seu melhor planejamento está sujeito a forças maiores que operam no mundo.

Esses pianos podem cair do céu sobre todos nós. Nos últimos anos, quando a economia mundial se desequilibrou e se retraiu, muitos de nós perdemos nossos empregos de uma hora para outra e todos os nossos planos tão cuidadosamente elaborados — o dinheiro que economizamos para ter uma casa de praia na velhice ou para a faculdade de um filho, a reforma que faríamos na casa, o que fosse — repentinamente pareceram sonhos impossíveis. Ou, então, você é devastado subitamente por uma doença. Ou um divórcio.

Esse tipo de reviravolta repentina do destino faz parte da vida. Mas a forma com que você lida com isso também é um fator crucial para obter ou não sucesso na vida ao longo do tempo. Todas as pessoas bem-sucedidas já foram atingidas por pianos de sete toneladas. A maneira como lidaram com esses momentos de crise, como se ajustaram aos reveses da sorte e se adaptaram a novas realidades é parte importante do que as levou ao sucesso.

É importante perceber que não estou falando de uma inflexibilidade rígida diante de todas as adversidades. A figura de John Wayne, aquele rapaz forte marchando incansavelmente de cabeça erguida diante de todas as adversidades, é uma imagem bastante conhecida — e também enganosa e até mesmo perigosa. Na vida real, são exatamente os personagens do tipo John Wayne, rígidos e inflexíveis, que, em geral, não sabem lidar com mudanças repentinas da sorte, que não conseguem adaptar seus planos e transpor alguns obstáculos inesperados, que acham muito difícil erguer-se após um golpe de azar que os tenha abatido.

O pau da goiabeira enverga mas não quebra.

As pessoas bem-sucedidas desenvolvem uma atitude perante a vida de aceitar e incorporar o fato de que, vez ou outra, o piano de sete toneladas cairá sobre sua cabeça. Têm consciência de que haverá crises. Possuem um objetivo, porém, são capazes de se adaptar às situações. Essas pessoas entendem que momentos de crise são também momentos de crescimento. São momentos em que você pode aprender algo sobre si mesmo. São oportunidades para repensar seus planos, reinventar a si mesmo.

Há mais do que um único caminho em direção ao futuro desejado. Você tem de estar preparado, disposto e aberto a percorrer um novo caminho em direção a seu objetivo quando ele surgir. No entanto, nunca o perca de vista.

Logicamente, em alguns casos, você pode estar concentrado em um objetivo tão restrito e específico que o resultado depende apenas de você mesmo. Seu objetivo pode ser escalar o monte McKinley ou diminuir em dois minutos o tempo que leva para correr seis quilômetros. A maioria dos objetivos, no entanto, depende das ações de pelo menos uma outra pessoa. Seja então a goiabeira que se curva em vez da árvore que se quebra, seja capaz de dançar conforme a música e divertir-se com isso — o que é muito importante. Algo que já foi dito milhares de vezes, mas que é verdade: o que vale não é realmente o destino mas a viagem.

Cada dia tem seu objetivo próprio, que é alcançar algum sentido de realização, felicidade ou paz. As necessidades que você tem como ser humano podem ser supridas de diferentes maneiras nos diversos estágios de sua vida. Talvez, neste momento de sua vida, manter aquele emprego na agência de publicidade seja uma boa opção. Mas talvez não seja daqui a três anos. É vital equilibrar o curto e o longo prazo, entender que, às vezes, o caminho mais curto em direção a seu destino não é uma linha reta, mas um percurso com vários desvios. Cada um desses desvios pode ser interessante por si só e acrescentar algo à sua vida.

Não há melhor exemplo de flexibilidade tática a serviço de um objetivo estratégico do que a vida de Mahatma Gandhi. Quando Gandhi nasceu, em 1869, a Índia, a "jóia" do Império Britânico, era regida por leis britânicas. Após uma infância normal de classe média e uma educação igualmente comum, o jovem Gandhi viajou como advogado à África do Sul, onde o preconceito racial e as injustiças sociais que testemunhou fizeram crescer nele um sentimento de paixão pela justiça e pela liberdade. Ele dedicou o resto de sua vida à humanidade e literalmente transformou-se, tornando-se um devoto ascético hinduísta e uma força incessante na busca por mudanças sociais e políticas. As táticas de desobediência civil não-violenta que desenvolveu, conhecidas como "resistência passiva", mais tarde influenciariam profundamente Martin Luther King Jr. e os movimentos de direitos civis nos Estados Unidos. Para mim, ele é um herói transcendental.

Entre 1919 e 1948, ano de sua morte, Gandhi levou a nação indiana à busca vitoriosa de sua independência em relação ao governo britânico. Não obteve, infelizmente, o mesmo êxito em suas tentativas simultâneas de levar a Índia a um renascimento moral e espiritual (embora tenha sido uma das mais importantes figuras espirituais da história) e de unir a população muçulmana e a hinduísta (os muçulmanos viriam depois a se separar e criar sua própria nação, o Paquistão).

A filosofia de Gandhi e sua estratégia e táticas voltadas a alcançar seus ambiciosos objetivos não surgiram de repente para ele na ofuscante luz da revelação. Ele desenvolveu suas idéias e táticas no decorrer da vida, equilibrando seus objetivos morais e espirituais com sua pragmática agenda política e social. Foi, conseqüentemente, criticado por ser contraditório ou "incoerente". E admitiu, com alegria: "Não me preocupo nem um pouco em parecer coerente", escreveu certa vez. "Em minha busca pela Verdade, descartei inúmeras idéias e aprendi muitas coisas novas... O que me preocupa é estar pronto para obedecer ao chamado da Verdade, meu Deus, a todo momento..."

Em outras palavras, ele preocupava-se menos em ser *coerente* do que em estar *certo*. O que ele quis dizer é que *você tem de estar aberto a adaptar suas táticas quando a situação obrigá-lo a tal, mesmo que isso seja uma total contradição em relação ao que você tenha dito ou feito anteriormente.* Foi um homem que teve a grande visão de derrubar o Império Britânico — certamente uma visão "maluca" para a época. Mas levou a cabo a obra de sua vida e teve êxito, em parte, porque valorizou mais estar certo do que ser coerente.

Nossa sociedade geralmente supervaloriza a coerência. Não estou dizendo que é "ruim" ser coerente — admiramos, por exemplo, uma pessoa que se apresente sempre carinhosa ou outra que seja sempre generosa. No entanto, quando se trata da forma como você direciona sua vida, pode ser desastroso levar adiante um plano simplesmente em nome da coerência, mesmo quando já se tornou claro que o caminho adotado é errado. Muitas pessoas permanecem no caminho errado apenas porque não querem parecer incoerentes ou levianas. Isso é estupidez.

Quanto à necessidade de flexibilidade, eu costumava dizer à minha equipe: "Estamos vivenciando uma situação parecida com uma batalha do século XIX." Eles balançavam a cabeça, concordando, mas eu logo percebia que não tinham a menor idéia do que eu estava falando. "Inicialmente, planejamos a estratégia para a batalha. A partir daí, cada general — cada gerente — tem de encarar o campo de batalha. E já que não temos rádios (sendo uma batalha do século XIX) e estamos envoltos pela neblina da guerra, cada general, à medida que direciona suas tropas, mantendo em mente a estratégia, tem de sair em busca de seu objetivo da melhor maneira possível naquela situação."

É uma metáfora para a vida. Você pode desenvolver em sua mente uma estratégia requintada, mas, quando entra no campo de batalha, tem de enfrentar o que se chama de "a neblina da guerra". A vida é como a neblina da guerra. Você tem muito menos informação do que gostaria na hora de tomar decisões sobre sua vida, mas tem de decidir de qualquer jeito, tem de enfrentar essa batalha independentemente da falta de informações. E, para isso, tem de manter a flexibilidade, entender que às vezes terá de driblar um determinado obstáculo em vez de bater de frente com ele. É provável que tenha de mudar seus objetivos de curto prazo para alcançar os de longo prazo.

Alexandre, o Grande, é um ótimo exemplo de um homem que estabeleceu os mais elevados objetivos para si mesmo e alcançou-os principalmente devido à sua flexibilidade e capacidade de adaptar-se a diferentes situações. Sua mãe o criou acreditando que ele era filho de Zeus, capaz de fazer o que desejasse. Tinha apenas 23 anos quando se tornou rei da Macedônia em 336 a.C., sendo que, inicialmente, não possuía nenhuma estratégia de longo prazo para seu reinado. Estava totalmente convencido, porém, de que seu destino era criar um império que difundiria a influência e os valores da tradição grega por todo o mundo, e foi exatamente isso que buscou. Quando morreu, com apenas 32 anos, havia criado um império gigantesco, impensável para a época, que se estendia de grande parte do Mediterrâneo Ocidental, Egito, Pérsia e Ásia Menor até a Índia. Derrotou exércitos enormes, até então considerados invencíveis, e incorporou uma série de culturas e civilizações sob o seu comando.

Alexandre é até hoje considerado um dos maiores gênios militares da história. Ele alcançou muitas de suas formidáveis vitórias graças à sua capacidade de adaptar-se a diferentes cenários de batalhas e de mudar de tática sempre que necessário. Como general, era imprevisível, astuto, inovador, extremamente engenhoso; deixava os generais inimigos totalmente aturdidos e desnorteados com as improvisações em seus planos de batalha. Naquela época (e que, até certo ponto, continuou sendo verdade durante todo o século XX), quando grandes exércitos chocavam-se, havia fórmulas e tradições comumente aceitas, quase uma coreografia que ambas as tropas empregavam no momento em que deslocavam sua cavalaria e seus soldados. Grande parte das vitórias de Alexandre foi alcançada graças à sua capacidade de, em meio a uma batalha, alterar as regras quando necessário. Ele desorientava, confundia e enganava seus inimigos mais conservadores — e derrotava-os. Sun-tzu, o grande filósofo chinês da guerra e contemporâneo de Alexandre, escreveu que "devemos surgir de onde o inimigo não nos espera". Alexandre seguiu estas palavras de forma brilhante.

Da mesma forma, a flexibilidade tática pode fazer a diferença entre o sucesso e o fracasso em sua própria vida. Um casal de amigos meus estava noivo e ia se casar. Como ambos moravam no Brooklyn, marcaram a cerimônia para se realizar na área de pedestres da belíssima ponte do Brooklyn. Infelizmente, no dia do casamento, caiu uma chuva torrencial. Em vez de entrarem em pânico e deixar que o mau tempo arruinasse a ocasião, lembraram-se de que havia sob a ponte, no lado do Brooklyn, um amplo vão onde uma organização ligada às artes realizava exposições. Foram até o local e, ao explicar a situação, os funcionários ficaram felizes em ajudar. A cerimônia foi realizada no horário marcado, nesse belo lugar, com trabalhos artísticos servindo de fundo.

O mau tempo era um obstáculo que meus amigos não tinham o poder de mudar. Mas, em vez de permitir que isso atrapalhasse sua felicidade, eles aceitaram o desafio, alteraram seu plano e encontraram uma solução criativa. Tiveram uma cerimônia de casamento cheia de alegria e agora têm uma bela história para contar sobre aquele dia.

Cada dia traz consigo suas próprias oportunidades de felicidade, além de seus próprios desafios. Se você for flexível e criativo, pode alcançar a felicidade diariamente.

RESUMO

- Há uma diferença fundamental entre *ocupação* e *vocação*. Nossas ocupações são nossos empregos — o que fazemos para viver e pagar nossas contas. Nossas vocações são nossas inclinações mais profundas: aquelas coisas na vida que verdadeiramente definem quem somos. Aprenda a diferenciar *o que você faz* do *que você é*.

- Não espere que os outros o façam feliz. Apenas você pode desenvolver seu próprio senso de valor. Apenas você pode identificar seu objetivo e percorrer seu caminho em direção à felicidade e ao sucesso.

- Simplesmente seguir um caminho de vida que lhe foi traçado por outras pessoas não é a direção correta para uma vida feliz ou bem-sucedida. Você somente será capaz de alcançar o verdadeiro sucesso e a felicidade se avaliar suas próprias necessidades, estabelecer suas próprias metas e seguir seu próprio caminho.

- O indivíduo não realizado é um ser amargo, perigoso. Descobrir quem você é de verdade, buscar o caminho da auto-realização, é o maior presente que você pode dar não apenas a si mesmo, mas a todos que o rodeiam.

- A descoberta de seu verdadeiro "eu" pode tornar-se um poderoso farol a guiá-lo nos momentos mais sombrios. Visualizando seu sucesso e priorizando os passos que levarão você a seus objetivos, até mesmo as tarefas mais desanimadoras tornam-se administráveis.

- Cada dia tem seu objetivo próprio, que é alcançar algum sentido de realização, felicidade ou paz. Cada dia traz consigo suas próprias oportunidades de felicidade e seus próprios desafios. Se você for flexível e criativo, pode alcançar a felicidade diariamente.

EXERCÍCIO: Quem sou realmente?

Para algumas pessoas, é relativamente fácil dizer quem elas realmente são e o que realmente querem da vida. Elas não têm dificuldade em distinguir sua ocupação atual de sua verdadeira vocação. "Trabalho como garçonete, mas na verdade sou dançarina."

Outras não acham tão simples responder a essas questões. Talvez você nunca tenha sido estimulado a pensar seriamente a esse respeito. Talvez você nem saiba por onde começar.

Ao responder às questões a seguir, você não passará a saber "tudo o que precisa saber" a respeito de si mesmo. Mas é uma forma de começar a pensar claramente em sua vocação, em sua ocupação, aquilo que o faz verdadeiramente feliz e aquilo a que aspira.

1. Verdadeiro ou Falso: Sinto que meu emprego ou cargo atual faz de mim um elemento importante para a sociedade.

2. Verdadeiro ou Falso: Sinto que meu emprego ou cargo atual é tão gratificante para mim quanto qualquer outro emprego ou cargo que eu pudesse imaginar.

3. Relembrando o *mês* passado, destaco três acontecimentos ou momentos que me fizeram muito feliz. O que esses acontecimentos ou momentos parecem ter em comum?

4. No *ano* passado, os três acontecimentos ou momentos que destaca me fizeram muito feliz. O que esses acontecimentos ou momentos parecem ter em comum?

5. Relembrando o passado, os cinco *piores* acontecimentos ou momentos de minha vida foram...
O que esses acontecimentos ou momentos parecem ter em comum?

6. Ao analisar essas lembranças boas e ruins, percebo que os acontecimentos ou momentos de que mais gostei parecem ser aqueles em que me senti...

7. Pareço não gostar de acontecimentos ou momentos em que me sinto...

8. Portanto, sentir-me... parece ser importante para minha felicidade.

9. Na infância, quando crescesse queria ser.. Até que ponto meus interesses mudaram desde então? Até que ponto são os mesmos? De que forma minha atual ocupação está relacionada a esses interesses?

10. São coisas que sei fazer e que a maioria das pessoas não sabe.

11. São coisas que as outras pessoas parecem fazer melhor do que eu.

12. Entre as habilidades que acabei de listar, em quais desejo melhorar? O que posso fazer no ano que vem para começar a aprimorá-las?

13. Sinto que até hoje em minha vida deixei de...

14. Acho que ainda é possível buscar...

15. Acho que não é mais possível buscar...

16. Dentro de *um* ano:
    A. Quero que meu emprego...
    B. Quero que minha família ...
    C. Quero me ver como um(a)...
       no mundo.

17. Dentro de *cinco* anos:
    A. Quero que meu emprego...
    B. Quero que minha família...
    C. Quero me ver como um(a)...
       no mundo

18. *Hoje*, posso tomar o(s) seguinte(s) passo(s) em direção a esses objetivos...

19. *Esta semana*, posso tomar o(s) seguinte(s) passo(s) em direção a esses objetivos...

20. *Este mês*, posso tomar o(s) seguinte(s) passo(s) em direção a esses objetivos...

21. *Este ano*, posso tomar o(s) seguinte(s) passo(s) em direção a esses objetivos...

3

TERCEIRO PRINCÍPIO

Busque oportunidades

Para mim, sorte é outra coisa: trabalhar duro e perceber o que é oportunidade e o que não é.

— Lucille Ball

POSICIONE-SE NO CAMINHO DA SORTE

Certa vez, quando pediram a Napoleão que promovesse um de seus oficiais ao cargo de general, ele ouviu pacientemente o relato sobre suas realizações, as batalhas das quais havia participado, suas habilidades táticas — todas aquelas qualidades tradicionalmente consideradas essenciais a um general. Fez, então, uma única pergunta: "Mas ele costuma ter sorte?"

Ele não queria saber se o homem costumava ganhar dinheiro em cassinos ou se encontrava com facilidade trevos de quatro folhas. Ele queria dizer: esse é um homem que cria suas próprias oportunidades e não deixa a sorte escapar quando ela se apresenta? Ele *faz* sua própria sorte?

Há um ditado sobre quando alguém faz algo arriscado e perigoso: dizemos que essa pessoa posiciona-se "no caminho do risco". Gostaria de propor um ditado equivalente para as pessoas que buscam oportunidades e criam sua própria sorte: *Elas posicionam-se no caminho da sorte.*

Se você fica sentado em casa, desejando ser mais bem-sucedido, acredite, a oportunidade não baterá à sua porta. A busca pelo sucesso e pela felicidade é um processo ativo. Você tem de estar disponível para as oportunidades, tem de se colocar em situações onde elas possam surgir. Há um outro ditado: "Sorte é quando a oportunidade encontra o preparo."

O sucesso não acontece por acaso. É resultado de um processo que pode ser aprendido. E um elemento primordial do sucesso — da "sorte" — é o preparo.

Pense nos brilhantes atletas que adoramos ver jogar no Super Bowl ou competir nas Olimpíadas. Não foi apenas "sorte" que os fez chegar lá e não é por acaso que eles jogam tão maravilhosamente bem. Eles se prepararam a vida toda para esse momento. Treinam oito horas ou mais dia após dia. Têm uma alimentação balanceada e hábitos de vida regulares. Seu extraordinário desempenho é o ápice de uma vida de trabalho árduo. Eles não ficaram sentados em casa assistindo a reprises e esperando que um caça-talentos viesse bater à sua porta.

Após identificar o que acredita ser seu objetivo e seu caminho, você tem obrigação consigo mesmo de fazer o máximo que puder no sentido deles. Isso significa realizar a pesquisa e o preparo necessários, sejam quais forem. Não basta pensar que deseja encontrar o príncipe encantado, sentar e ficar esperando que ele bata à sua porta. O máximo que poderá acontecer é atender à campainha e dar de cara com o entregador de *pizza*. É preciso descobrir as oportunidades de encontrar seu príncipe encantado e, a partir daí, lançar mão delas.

Você se lembra da mãe solteira do Capítulo 2 que lutava para pagar o aluguel e sustentar sua filha e que sonhava um dia tornar-se cineasta? Em vez de cair no desespero e ficar sentada tentando descobrir de onde viria o dinheiro para pagar o aluguel, ela reservava, toda semana, parte de suas energias e tempo para desenvolver o melhor portfólio possível de suas fotografias e enviar a agências que pudessem ajudá-la a dar os próximos passos em sua carreira. Simplesmente, ao se mostrar ao mundo e divulgar sua presença no mercado, ela já estava se posicionando no caminho da sorte. Quem sabe qual oportunidade poderia surgir de um encontro casual no escritório de algum agente ou no estúdio que alugava para revelar suas fotografias, onde estava em contato com outros fotógrafos?

Quando estava começando a desenvolver a StarMedia e, posteriormente, a VOY, passei horas intermináveis discursando a respeito de minha visão a estranhos que poderiam, de algum modo, me ajudar a realizar meu objetivo. Possíveis investidores na StarMedia, estúdios de Hollywood que pudessem produzir programas de televisão para a VOY e assim por diante. E sempre me surpreendi com o simples fato de que conhecer pessoas quase que invariavelmente gera novas oportunidades.

Geralmente, tais oportunidades — a tal sorte — surgiam em reuniões às quais eu comparecia sem grandes expectativas. Certa vez, no início da StarMedia, tentei marcar uma reunião com o CEO de uma empresa. Ele não estava disponível e acabei sentado em uma mesa de conferências com um executivo que não fazia parte do alto escalão nem tinha um cargo particularmente relevante em relação ao que eu fora discutir. Durante a reunião, ele me disse que adorara trabalhar na Peace Corps na América Latina, e ficou muito interessado em saber o que eu estava buscando naquela empresa. Ele não acreditava que seu chefe se interessaria pelo meu projeto, mas me deu uma lista com os nomes de outras pessoas com quem eu poderia entrar em contato — pessoas que eu nunca conheceria se não tivesse conversado com ele. Algumas delas acabaram sendo de grande ajuda para mim.

As oportunidades chegam até você assim, desde que você se posicione onde possa se deparar com elas. Pode parecer uma probabilidade aleatória, mas na verdade não é. Eu me coloquei ativamente em uma situação, talvez perdendo tempo com esse funcionário que não pertencia à alta gerência, mas que, no entanto, me rendeu novas possibilidades.

Isso acontece o tempo todo se você busca a sorte ativamente e decide correr os riscos. É muito mais provável que encontre sua alma gêmea se passar a freqüentar grupos da igreja, se fizer aulas de tango, se assinar o serviço de encontros *on-line* e assim por diante.

Há um outro elemento do acaso que é importante saber: *O caminho mais curto em direção a seu objetivo nem sempre é uma linha reta.* Para nossa aspirante a bailarina do Capítulo 2, ir a uma audição na companhia de balé mais próxima com certeza não irá assegurar-lhe um lugar no corpo de baile. Ela terá de enfrentar várias bailarinas jovens e bem preparadas. É quase certo que ela nunca se torne uma *prima ballerina*, e apresentar-se em uma audição apenas fará com que as pessoas da companhia a considerem uma pessoa sonhadora e iludida.

Talvez, porém, ela possa conseguir um emprego ou um estágio no escritório da companhia de dança. Conhecer as pessoas e deixar que as pessoas a conheçam. Aprender mais sobre o mundo da dança profissional. Freqüentar aulas diversas. Fazer parte — e não ser apenas uma observadora esperançosa — do mundo da dança. Quem pode saber que oportunidades surgirão, se não irão convidá-la a participar? Talvez ela nunca seja uma estrela do balé, mas poderá vir a participar do mundo da dança de forma significativa e feliz.

PERMITA-SE VAGAR SEM DESTINO

Nem todos que vagam estão perdidos.

— J. R. R. Tolkien

Conheço uma mulher que é uma talentosa massagista. Sally leva cura e paz de espírito a seus clientes diariamente. Infelizmente, isso não traz *a ela* muita felicidade. Não é uma inclinação pessoal, não é uma vocação. É apenas uma habilidade que aprendeu e que acabou por se tornar uma rotina maçante. Ela se sente presa, entediada, simplesmente levada pela vida.

Quando lhe perguntei o que realmente gostaria de fazer, sua resposta foi desconcertante: "Não sei, nunca pensei nisso. Na verdade, não sei nem o que não sei."

Infelizmente, muitas pessoas encontram-se nessa situação. Podem ser donos de uma loja de quadros, estar educando quatro filhos, ter uma picape e um *jet-ski* na garagem, mas tudo se resume a "algo que chamam de vida". Essas pessoas não apenas não se sentem satisfeitas, como também não conseguem olhar para dentro de si mesmas e identificar o que poderia satisfazê-las. Não conseguem nem mesmo escolher um objetivo, quanto mais traçar um caminho em direção a ele.

Embora eu acredite que todos devam ter um plano e caminhar, diariamente, em direção a seus objetivos, é importante também ser flexível em relação ao rumo que sua vida toma. É necessário deixar espaço para a exploração e, também, para a experimentação. Isso se torna mais verdadeiro ainda quando, como no caso da massagista, você não consegue determinar o que deveria estar fazendo com sua vida — ou, como no caso de nosso aspirante a jogador de beisebol, de 45 anos, você está preso a sonhos antigos e não sabe mais o que fazer. Pode ser de grande utilidade apenas olhar ao seu redor e pensar "o que mais eu poderia tentar?". Coisas que nunca tenha feito antes ou que tenha medo de experimentar. *Permita-se novas experiências que possam trazer um novo enfoque ou uma nova alegria à sua vida.*

Se concordamos que a vida é a viagem, não o destino, então você deve a si mesmo fazer com que a viagem seja a mais interessante e variada possível. Não fui ao Nepal com a intenção de ter uma visão que mudaria minha vida. O motivo era muito mais simples: parecia ser o ambiente mais diferente e exótico onde poderia estar com minha mulher. Não havia outra razão para escolher o Nepal; não era o destino de meus sonhos ou coisa parecida. Escolhemos o Nepal por algo muito distante de nosso cotidiano, porque nos parecia um ambiente bastante diferente, até mesmo estranho.

E certamente era. Tudo sobre a Índia e sobre o Nepal era novidade para nós. Posicionar-se em um ambiente estranho para você tem o poder de colocar seu próprio mundo em perspectiva. Quando você se expõe à forma como outras pessoas vivem ou pensam, à visão radicalmente diferente de mundo que elas têm, não há como não refletir sobre sua própria vida. Aquela viagem à Índia e ao Nepal trouxe uma revelação que mudou minha vida e, francamente, mudou a América Latina.

A lição que aprendi a partir daquela experiência foi não planejar demais minha vida. Permitir elementos do acaso e abrir espaço para oportunidades de descoberta de novas idéias, novas pessoas, novas experiências que possam me trazer novas percepções e me ajudar a harmonizar melhor meus planos.

Assim como você não precisa ir ao Nepal para encontrar o topo de sua própria montanha, você não precisa viajar ao exterior para encontrar novas idéias e experiências. O mundo está repleto de atividades que você nunca experimentou, conhecimentos que nunca adquiriu, habilidades que nunca desenvolveu, pessoas que nunca conheceu. O que "sabemos" é um minúsculo subconjunto do que se pode conhecer.

Se você não aprendeu a nadar, a andar de bicicleta ou a dançar mambo, talvez esta seja a hora. Se você é do tipo sedentário, talvez queira experimentar algum esporte de aventura como pára-quedismo, escalada ou *tae kwon do*. Praticar esgrima, dança de salão ou então *rafting*. Você poderá amar. Você poderá detestar. Mas, certamente, experimentará um sentimento de realização apenas por ter sido corajoso o suficiente para fazê-lo. Poderá conhecer pessoas novas, interessantes, cujas áreas de conhecimento e experiência podem levar sua vida a novas e positivas direções.

Aventuras mentais são também emocionantes e fáceis de vivenciar. Eu, por exemplo, adoro ler sobre história. Se não me vigiar, acabo lendo apenas livros nessa área. Por isso, com certa freqüência, obrigo-me a deixar os livros de história de lado por um tempo. Os livros que leio em seguida são geralmente aqueles que não leria normalmente, sobre assuntos dos quais nada sei — buracos negros no espaço, vida e costumes dos ciganos na Romênia, a estrutura do genoma humano, e por aí vai. Dessa forma, exponho-me a novas idéias e conhecimentos.

Você pode se matricular em uma faculdade próxima de sua casa, fazer aulas de artesanato ou procurar cursos para adultos. Estudar astronomia, culinária, italiano ou cerâmica. Escolher um assunto ou especialidade sobre os quais sempre quis saber mais, ou, então, escolher algo aleatoriamente. Algumas opções, com certeza, acabarão em nada, mas pelo menos você saberá que não tem o menor interesse nelas ou nenhuma aptidão para executá-las. Mas como saber quais talentos latentes ou interesses ocultos você descobrirá? Como saber para onde esses novos conhecimentos ou experiências o levarão? Talvez os alunos do curso de italiano planejem uma viagem em grupo para a Toscana, onde você poderá descobrir sua admiração pela pintura renascentista e abrir caminhos completamente novos em sua vida.

Estar aberto a novas experiências traz consigo uma série de benefícios. No mínimo, é um antídoto para o tédio e para a apatia que aquela massagista sente. *O tédio e a apatia são inimigos de uma vida feliz.* São um círculo vicioso recorrente: quanto mais entediado e apático você se sentir, menos probabilidade terá de buscar mudanças para a situação em que vive. Permitir-se vivenciar algo novo às vezes quebra o hábito de sentir-se entediado e traz um novo interesse pela vida.

Em uma outra perspectiva, tentar novas experiências e descobrir que elas lhe agradam pode ajudar a superar fobias e medos que inibem as pessoas de viver sua vida de forma plena: medo do desconhecido, medo de errar, medo de constrangimentos. Pense nas vezes em que encarou um medo — quando era criança e aprendeu a nadar, mergulhar ou andar de bicicleta sem as rodinhas — e na sensação emocionante de liberdade e poder que sentiu ao vencer aquele medo. Lembre-se de como aprender a andar de bicicleta desencadeou um novo mundo de oportunidades para você.

Há uma cena maravilhosa na comédia *Meu Querido Bob (What About Bob?)*. Bob é um paranóico neurótico cuja extensa lista de fobias o impede de viver algo pelo menos remotamente parecido com uma vida plena ou feliz. Quando seu psiquiatra sai de férias, Bob fica tão apavorado com a sensação de abandono que vai atrás dele, deixando-o quase louco com suas necessidades tão prementes. Mas a presença de Bob, mesmo perturbadora, leva à família do psiquiatra oportunidades de aprendizagem. Bob morre de medo de se afogar; já o filho adolescente do analista sente-se atraído pela água, mas não tem coragem de mergulhar. Enquanto tenta mostrar a Bob que não há razão para ter medo de água, o garoto inconscientemente supera seus próprios medos e mergulha. O encontro inesperado com Bob lhe traz novas experiências e enriquece sua vida. (Mais adiante, retomaremos o "fator medo".)

A aprendizagem não deve acabar simplesmente porque você se tornou adulto. *Sua vida inteira pode e deve ser uma experiência de aprendizagem e uma aventura.* Nenhum ser humano é completo e perfeito. Somos todos "obras em andamento". Você pode se surpreender com talentos que desconhecia ou com áreas de conhecimento que nunca havia explorado antes.

Em especial, se não tiver certeza sobre o que quer da vida e sobre o que quer fazer dela, abrir-se a experiências incertas pode ajudá-lo a descobrir uma direção positiva e um caminho. Não há problema algum em "vagar" entre uma experiência e outra. Nunca se sabe para onde você pode ser levado. Há uma diferença enorme entre vagar e simplesmente deixar-se levar pela vida sem objetivos. Deixar-se levar é uma atitude passiva e não leva a lugar algum; vagar é uma atitude ativa e sempre leva a algum lugar. Com o tempo, colocar essas novas experiências dentro do contexto de quem você é irá apontar para determinadas direções na vida. Você lidará melhor com aquilo que lhe dá prazer e com aquilo que não lhe dá prazer algum, com o que é natural para você e com o que não é.

Seja ativo. Descubra. Experimente. Aprenda. Sacuda seu mundo. Desafie a si mesmo a crescer e a experimentar coisas novas.

OPORTUNIDADE VERDADEIRA *VERSUS* OPORTUNIDADE FALSA

E agora uma recomendação de cautela.

Infelizmente, nem sempre é fácil distinguir uma oportunidade verdadeira — uma chance inesperada de chegar mais perto de seu objetivo — de uma mera e atraente distração ou algo que lhe desvie a atenção de seu objetivo. É necessária uma análise constante. Tantas oportunidades casuais surgem em seu caminho que, à primeira vista, podem parecer absolutamente positivas ou completamente negativas — coisas que, a princípio, você acha que nunca faria, e outras nas quais tem vontade de entrar de cabeça. *Se você tem um objetivo estratégico para sua vida e se mantém concentrado em alcançá-lo, terá, então, capacidade de analisar cada oportunidade que surgir e tomar decisões conscientes a respeito dela.* Isso realmente fará com que eu chegue mais perto de minha felicidade e do sucesso? Ou será que é algo que parece divertido e "legal" agora, mas que acabará me desviando de meu caminho e objetivo verdadeiros?

Pense naquele casal do Capítulo 2 que, de repente, se viu diante da oportunidade de ter seu próprio restaurante. É fácil entender sua reação emocional inicial. Era algo com que sempre havia sonhado, algo que parecia extremamente divertido. Vamos agarrar a oportunidade, então!

No entanto, era realmente uma oportunidade que os aproximaria de seu objetivo de vida ou algo irresistível, mas de natureza secundária? Há uma diferença entre o sonho de sua vida e os pensamentos que lhe ocorrem quando você sonha acordado. Sempre fantasiei a idéia de um dia pilotar um Learjet. Mas é apenas um devaneio, e não algo que está na essência de meu ser. Se essa oportunidade surgir e não me desviar da busca de meus objetivos verdadeiros, então, tudo bem, realizarei esse sonho. Mas não se pode abrir um restaurante simplesmente por abrir. Ter um restaurante significa trabalhar muito. Algo que, no caso deles, exigia um compromisso total de ambas as partes.

Não tenho muita certeza se eles analisaram mais a fundo essa oportunidade antes de se jogarem de cabeça nela. E isso é um passo importantíssimo. Há uma série de perguntas que gostaria que tivessem respondido antes de mergulhar no empreendimento. Por que acreditamos que seríamos bons donos de restaurante? Qual é a natureza desse negócio? Quais são nossos concorrentes? Quais são nossos clientes? Por que não há outros restaurantes sofisticados nas redondezas?

Se você sabe responder a todas estas questões e realmente acredita que está destinado a ser dono de um restaurante, então deve a si mesmo ser o mais bem-sucedido possível. Você tem o compromisso de desenvolver um conhecimento profundo sobre o negócio e saber tudo o que puder a respeito das condições objetivas para alcançar o sucesso. Caso contrário, será como apostar na loteria.

Na Introdução deste livro descrevi várias situações em minha vida em que surgiram oportunidades sobre as quais tive de pensar cuidadosamente. E, em pelo menos uma delas, aprendi da pior maneira a não apostar na falsa oportunidade. Você deve se lembrar de quando eu era um jovem executivo na AT&T e tive de analisar meu futuro, imaginando minha ascensão na escada corporativa. Tinha certeza de que aquele era meu objetivo, de que era algo que me faria feliz. Trabalhei então feito louco para alcançá-lo e acabei por conseguir. Mas quando alcancei a grande promoção que acreditava ser o que queria, percebi, de repente, que ela não me faria feliz. Naquele cargo, minha necessidade de criar e inovar seria reprimida. Ficou claro que não havia analisado corretamente meu objetivo quando decidi buscá-lo.

O estranho é que eu já havia sido apresentado a uma falsa oportunidade anteriormente, que analisei e recusei. Antes de ir para a AT&T, haviam me oferecido um cargo na Ogilvy & Mather na Nova Zelândia. Uma oferta extremamente tentadora. Um emprego e tanto para um rapaz de 25 anos: seria o diretor-executivo do escritório de Wellington da Ogilvy & Mather. Eu e minha esposa éramos jovens e estávamos dispostos a encarar uma aventura. Mas quando analisei aquela oportunidade, em relação a meus objetivos de longo prazo, tive a impressão de que mudar para a Nova Zelândia seria divertido, mas me desviaria de meu caminho. Recusei, então, a proposta e fui trabalhar na AT&T.

Se você se mantiver focado em seu objetivo supremo, será mais fácil tomar decisões táticas como essa. Isso acontece diariamente comigo. Analiso tudo que surge fazendo a seguinte pergunta a mim mesmo: "Isso se encaixa em meu planejamento estratégico ou não?" Isso não significa que eu tenha todos os elementos já desvendados. Definitivamente, não. Tenho alguns passos programados, mas há inúmeras lacunas entre um passo e outro. A partir do presente, podemos gerenciar apenas algumas coisas sobre o futuro. Acontecimentos aleatórios que não estavam previstos ou para os quais não estamos preparados fazem parte da vida de todo mundo. Talvez essa oportunidade nova e completamente inesperada que venha a surgir hoje seja a ligação entre um passo e outro. Talvez não. Analise-a, tente descobrir se serve ou não, e tome então sua decisão.

RESUMO

- O sucesso não acontece por acaso. É resultado de um processo ativo de planejamento, preparo e busca de oportunidades.

- O caminho mais curto em direção a seu objetivo nem sempre é uma linha reta. Permita-se vivenciar experiências que possam trazer um enfoque diferente ou uma nova alegria para sua vida.

- Toda a sua vida deve ser uma experiência de aprendizagem, uma aventura. Seja ativo. Descubra. Experimente. Aprenda. Sacuda seu mundo. Desafie a si mesmo a crescer e a experimentar novidades.

- Se você tem um objetivo estratégico e se mantém concentrado em alcançá-lo, terá, então, capacidade de analisar cada oportunidade que surgir e tomar decisões conscientes a respeito delas.

EXERCÍCIO: Mapeando o percurso

Quando o Dr. Horatio Jackson saiu em sua primeira viagem de carro pelos Estados Unidos não existiam mapas das estradas do país. Da mesma forma, quando você identifica um objetivo estratégico para si mesmo, tem de elaborar seu próprio mapa para chegar até ele. Você visualiza um futuro que queira criar e reflete a respeito dos passos seqüenciais que poderão levá-lo até ele. Sua viagem pode ter reviravoltas imprevisíveis, e você terá de ser flexível o suficiente para aproveitar as oportunidades inesperadas quando elas surgirem. Mas, sem um mapa do percurso para guiá-lo, você acabará vagando em um espaço vazio.

Neste exercício, você, literalmente, elabora um mapa para si mesmo: "Quero chegar a tal lugar, e estes são os passos que me levarão até ele." A princípio, é provável que queira escolher um objetivo não muito distante — talvez os próximos seis meses ou um ano.

1. Identifique seu objetivo e escreva-o em uma folha em branco.

2. Identifique as habilidades que precisará adquirir e as ações necessárias para atingir esse objetivo. Tome nota delas.

3. Identifique as pessoas que você precisa que se solidarizem e se unam a você nessa busca. Escreva seus nomes.

4. Vire o papel. Desenhe no verso, à direita da página, um símbolo para seu objetivo. Desenhe uma linha que comece no símbolo e vá até o lado esquerdo da página. Esse é o seu caminho.

5. Desenhe agora símbolos para as habilidades, ações e pessoas identificadas nos itens 2 e 3. Coloque-as ao longo do caminho, na ordem que considerar mais adequada.

Você acabou de elaborar um mapa de percurso básico.

Por exemplo:

Em seis meses, quero tirar minha carteira de habilitação. Para tal, tenho de pedir permissão a meus pais e solicitar sua ajuda, entrar em uma auto-escola para aprender a dirigir e, finalmente, passar no exame de habilitação.

Escrevo, então, essas informações em uma folha de papel. No verso, desenho um carro à direita da página e uma linha que vai do carro até o lado esquerdo. Então, da esquerda para a direita da linha, desenho duas pessoas (meus pais), um símbolo para a auto-escola (em que irei me matricular), um símbolo para o instrutor (me ensinando a guiar) e uma carteira de habilitação (passando no exame).

Esse é meu mapa para a carteira de habilitação. À medida que avanço nos próximos seis meses, vou consultando o papel para ver em que ponto do percurso estou e o que ainda falta fazer.

É um exemplo simples, mas que mostra a evolução da ação. Quanto mais distante estiver seu objetivo e quanto mais passos você tiver de dar em direção a ele, mais perceberá como essa técnica de mapeamento ajudará não só a delinear seus passos na melhor seqüência possível, mas a acompanhar seu andamento.

4

QUARTO PRINCÍPIO

Desconstrua o futuro

A melhor maneira de prever o futuro é inventá-lo.

— ALAN C. KAY, Apple

No esporte, encontramos atletas fundistas que nos impressionam por sua capacidade de correr uma maratona, cuja distância é de 42 quilômetros. Mas há um grupo pequeno, quase *underground*, de atletas chamados "corredores de resistência". Eles correm muito além dos 42 quilômetros. Correm 80, 160 quilômetros em uma única prova. E isso não é feito em etapas ou revezamento. Eles apenas correm, sem dormir, até alcançar a linha de chegada. Uma maratona típica leva cerca de três horas; em uma corrida de 160 quilômetros, são 24 horas ou mais de esforço físico ininterrupto. É provavelmente o esporte mais extenuante da Terra.

Quando perguntam a Dean Karnazes, um dos melhores atletas dessa categoria, como consegue correr uma distância tão longa, ele dá uma resposta bastante instrutiva. Diz que corre os primeiros 80 quilômetros com as pernas e os 80 quilômetros finais com a cabeça. Visualiza o momento em que cruza a linha de chegada e, depois, divide a corrida em partes menores. Concentra-se em correr os oito quilômetros seguintes ou chegar ao topo da próxima subida. Cumprido esse objetivo, coloca seu foco no estágio seguinte, e assim por diante. Mas o tempo todo mantém aquela imagem da linha de chegada em sua mente, como um guia a levá-lo adiante.

O que Karnazes faz é um exercício mental extremamente poderoso. *Ele visualiza um futuro em que está alcançando um objetivo aparentemente distante. Em seguida, desconstrói esse futuro em pequenas etapas táticas que o conduzirão àquele objetivo.*

Talvez você tenha assistido ao documentário *Horatio's Drive*, da PBS, ou lido o livro homônimo, sobre a aventura do Dr. Horatio Nelson Jackson, que em 1903 realizou a primeira viagem de carro pelos Estados Unidos. É uma narrativa divertidíssima. Jackson desafiou um homem e apostou 50 dólares que conseguiria dirigir de São Francisco a Nova York em menos de 90 dias.

Para se ter uma idéia de como o projeto era ousado, é preciso lembrar que em 1903 havia apenas 240 quilômetros de estradas pavimentadas na porção continental dos Estados Unidos e que, em sua maioria, localizavam-se em centros urbanos. O vasto continente era cruzado por estradas barrentas por onde nenhum carro jamais passara. Não havia postos de gasolina nem mapas rodoviários. O carro de Jackson tinha apenas duas marchas — para a frente e para trás —, não tinha párabrisa nem capota e seu limite máximo de velocidade era 50 km/h. Como muito bem apontado em uma das resenhas sobre o livro, o sonho de Jackson de atravessar o país dirigindo "parecia tão fácil quanto colocar um foguete em órbita".

Mas, como toda pessoa bem-sucedida, Jackson conseguiu visualizar com força aquele carro entrando em Manhattan e, para concluir sua viagem, prosseguiu em pequenas etapas, um pouco a cada dia. Fez isso apesar de inacreditáveis percalços, muitos percursos paralelos, desvios de rota e obstáculos quase diários: estradas cheias de pedras que furavam os pneus, encostas escorregadias que davam em precipícios mortais nas montanhas Rochosas, vastas áreas de lama que ameaçavam sugar o carro e freqüentes falhas mecânicas.

Jackson chegou a Nova York 63 dias após o início da viagem, recolheu seus 50 dólares e foi aclamado herói nacional. E, o mais importante, seu feito inspirou os norte-americanos a sonharem pela primeira vez com um sistema nacional de estradas pavimentadas que permitiriam que qualquer um viajasse de costa a costa e a todos os pontos entre uma costa e outra. Sem exagero, o sistema viário interestadual norte-americano foi inspirado nesse visionário e em seu sonho "maluco". Ao visualizar e realizar o "impossível", ele transformou os Estados Unidos.

A idéia de desconstruir o futuro é uma premissa com a qual me deparei pela primeira vez ao ler a *Ilíada* e a *Odisséia*, de Homero. Em seus poemas épicos, há basicamente dois tipos de criaturas: homens e deuses. Os homens vivem um tempo linear: eles acordam, escovam os dentes e seguem ao longo do dia. O tempo dos deuses é horizontal: eles olham com superioridade o plano da existência humana do alto do Monte Olimpo e podem ver o tempo em sua totalidade — passado, presente e futuro — de uma só vez, disposto sob eles como num tabuleiro de xadrez. À medida que os homens se movem pelo tempo como peças do jogo, os deuses conseguem observar não apenas o que está acontecendo naquele exato momento, mas também o que aconteceu antes e o que acontecerá depois.

Diferentemente dos deuses de Homero, *ninguém é realmente capaz de prever o futuro. O futuro não existe. A questão não é prever o futuro e, sim, fazer o futuro.* Trata-se de projetar seu desejo em algum tempo futuro para criar uma série de eventos que, juntos, possam conduzir a uma visão — foi o que fiz para criar a StarMedia. É possível, então, mapear os eventos que o conduzirão até lá. Você, como um agente no mundo e como parte da máquina de fazer futuros, pode ser autor de seu próprio destino. Pode visualizar como seria um futuro possível e, depois, dizer: "Muito bem, chegando a esse ponto — cinco passos à frente, 20, 30 passos à frente —, o que mais precisa acontecer para que esse futuro se torne real?"

Já que não existe futuro predeterminado, minha mente tem liberdade de passear por diversos possíveis futuros. Posso me ver vencendo a Maratona de Boston, tornando-me rei da Espanha ou criando um novo empreendimento.

Passo a examinar minuciosamente esses futuros. Ser rei da Espanha jamais acontecerá, pois não nasci na família real. Posso, então, descartar essa opção como pura fantasia. Suponho que *poderia* tornar-me piloto de Learjet ou vencer a Maratona de Nova York, mas, como isso não é pertinente a meus verdadeiros objetivos, não consigo me imaginar dedicando o tempo e o esforço necessários. Empreendimento criativo, no entanto, é exatamente o que desejo e preciso fazer de minha vida neste momento.

Agora começo a desconstruir esse futuro. Que passos podem me levar até lá? Quais são as manobras táticas? Que talentos devo aplicar? Quais habilidades ainda me faltam desenvolver? Quem preciso que se solidarize comigo e se una a mim nessa busca?

Não se trata de uma questão fechada, que se coloque uma única vez, pelo simples fato de que o contexto está em constante mutação ao longo do tempo. Da mesma forma que você, todo mundo também está criando o futuro. O mundo não pára enquanto você faz seus planos. Se estiver planejando um futuro que acontecerá daqui a um ano — digamos que você se imagine sendo promovido a gerente regional de marketing responsável por todos os clientes da Costa Leste —, o contexto pode não se alterar radicalmente. Você consegue facilmente mapear os passos que podem levá-lo a esse objetivo. Mas se seu plano, como o de Laurie, no Capítulo 2, for tornar-se cineasta em cinco ou dez anos, você tem de estar aberto às mudanças que ocorrerão nesse período de tempo. É por isso que coloco tanta ênfase na questão da flexibilidade. Quando se desconstrói um futuro que acontecerá em cinco ou dez anos, torna-se fundamental ter o espírito aberto às possibilidades e desenvolver a capacidade de ver e agarrar uma oportunidade não planejada.

Saber que você é autor de seu futuro é algo intensamente poderoso. De repente, todas as barreiras à sua frente se desfazem quando se sabe que não há futuro predeterminado, mas apenas aquele criado por você.

Quando fundei a StarMedia e estávamos utilizando nossos cartões de crédito no limite e tínhamos uma equipe de quatro ou cinco pessoas, não havia ambigüidade em relação aonde nos dirigíamos. Eu sabia *exa-*

tamente aonde íamos. Íamos nos tornar uma grande empresa de mídia. E tudo que fazíamos em uma rotina diária — fosse algo maçante ou difícil —, todas tarefas e desafios eram eminentemente administráveis, pois eram meros detalhes em um contexto muito mais amplo.

Como disse o cientista político John Schaar: "O futuro não é apenas um lugar para onde estamos nos dirigindo, mas um lugar que estamos criando. Os caminhos que levam até ele não são encontrados, mas construídos, e essa atividade de construí-los muda tanto o construtor quanto o destino."

NÃO TENHA MEDO DOS ERROS — APRENDA COM ELES

O que seria da vida se não tivéssemos coragem de experimentar nada?

— Vincent Van Gogh

Será que sempre tomo a decisão correta? Claro que não. Sou humano. Todos sabem disso. Ainda assim, o *medo do fracasso* é um dos piores inibidores da psique humana. Algumas pessoas têm tanto medo de cometer um erro que ficam paralisadas em completa inatividade. Acreditam que é melhor não fazer nada do que fazer algo "errado". Às vezes, nosso medo de errar é o que acaba nos levando a errar. No esporte, "travar" é um fenômeno bem conhecido. Todos nós já vimos um brilhante jogador de golfe que pôs a perder todo um torneio nos últimos três buracos por ter deixado que o medo de perder arruinasse sua concentração e seu jogo. O jogador que é colocado em campo nos últimos dez segundos da partida para tentar o gol decisivo está bem ciente de que, se não conseguir manter sua mente livre do medo do fracasso, jamais se sentirá suficientemente relaxado e concentrado para dar seu melhor chute.

Provavelmente ninguém tem mais medo de errar que os profissionais da área médica e de saúde. Um erro mínimo no movimento do bisturi de um cirurgião pode matar o paciente. Um único diagnóstico perdido ou a prescrição de um remédio errado podem ter resultados catastróficos. E, mesmo assim, especialmente no desenvolvimento de novos medicamentos, erros e acidentes levaram algumas vezes a descobertas que mudaram o curso da história. A insulina, a penicilina, o quinino, a vacina contra varíola e o raio X foram todos descobertos por acaso. (A propósito, o gás hilariante, a dinamite, o Velcro, o Teflon, os Post-its e até os flocos de milho também foram resultado de erros ou acidentes.)

Todos cometemos erros. Curiosamente, temos a tendência de ser mais condescendentes com as falhas dos outros do que com as nossas. Dizemos a um amigo: "Ei, tudo bem. Todo mundo erra. Não seja tão duro consigo mesmo." Mas quando *nós* cometemos um erro, nos penitenciamos e agonizamos. "Como pude ser tão *burro*? Sou um completo idiota." Esquecemos que os outros estão tão dispostos quanto nós a perdoar erros.

Na busca de seus objetivos, você certamente cometerá equívocos, fará erros de julgamento, dará passos em falso. Como sobreviver a um erro? Como se recuperar quando você vai atrás de algo, começa a fazê-lo e cai em si: "Nossa, isso foi um erro."

Nenhum de nós tem a onisciência dos deuses. A menos que você esteja trancafiado em um quarto recusando-se a ter qualquer compromisso com o mundo, o que é uma verdadeira tragédia, você cometerá erros. O esforço criativo é particularmente carregado de erros e passos em falso. Os mais festejados romances do mundo foram escritos e reescritos antes que qualquer pessoa tivesse a chance de lê-los. Os maiores pintores erram e pintam sobre o erro. Se você estruturar sua vida de forma a nunca cometer erros, é quase certo que não terá coragem nem liberdade intuitiva para correr riscos e maximizar as oportunidades conforme forem surgindo. Você terá tanto medo de errar que nunca se comprometerá com seu próprio sucesso.

Já cometi muitos erros. Minha primeira reação, naturalmente, é me penitenciar, dizer a mim mesmo que não posso mais errar. O que é, obviamente, impraticável. Ninguém é perfeito. E nenhum erro é mortal, a não ser aquele que mata você.

A primeira coisa que você tem a fazer é não levar para o lado pessoal. Errar não significa que você, de alguma forma, seja um ser humano sem valor. *Erros não são falha de caráter.* São resultado natural para quem é ativo, comprometido com o mundo do empenho humano. Tento me lembrar disso e paro de me culpar por qualquer erro que tenha cometido.

Procuro, então, descobrir o que posso aprender com meu erro. Analiso-o, da mesma forma que analiso tudo o que faço. Onde errei? Como decidi fazer o que fiz? Que padrão de pensamentos ou emoções estava seguindo quando cometi esse erro? Já cometi esse mesmo erro antes? Caso tenha cometido, como posso me tornar ciente dessa minha tendência e ficar alerta para evitá-la?

Seus erros podem muitas vezes ensinar mais do que seu sucesso. Buckminster Fuller, um dos mais inovadores arquitetos e inventores do século XX, escreveu: "Tudo que os homens sabem teve de ser aprendido apenas como conseqüência da experiência de tentativa e erro. Os homens aprenderam apenas por meio de erros." As reuniões que tenho hoje em Hollywood são bem diferentes das que tinha um ano atrás. Há códigos de conduta, certas expectativas, determinados sistemas e processos que você precisa conhecer. Aprendi muito sobre como Hollywood funciona, coisas que não sabia há um ano, e ajustei meus planos e expectativas de acordo com o que aprendi.

Finalmente, o passo mais importante: *Perdoe-se.* Tudo bem, você errou. Isso só prova que você é humano.

> *O sucesso é a capacidade de passar de um fracasso a outro sem perder o entusiasmo.*
>
> — Winston Churchill

HERÓIS

Embora cada um de nós tenha de escolher seus próprios objetivos e seu caminho ao longo da vida, isso não significa que não possamos aprender com as experiências e os exemplos dos outros. Todos podemos ter modelos que nos inspirem.

Aredito realmente que *todos precisam de um herói*. E falo de um herói que seja quase sobrenatural. Não no sentido de um ser divino, mas alguém que tenha identificado um objetivo quase inimaginável, visualizado um futuro que ninguém mais pôde ver e superado todas as dificuldades que tenham aparecido em seu caminho.

Por quê? Porque no momento da criação, aquele momento solitário entre você e sua idéia apenas, quando tudo o que você recebe são comentários negativos de outras pessoas, nesse momento em que todo o pensamento racional está lhe dizendo que se trata de uma idéia bastante questionável, há uma crença interior irracional, passional, dizendo que é possível acontecer, que é uma grande idéia e que só você pode realizá-la. Nesse momento, você não pode estar sozinho. Precisa recorrer a alguém que lhe sirva de inspiração. E é preciso que seja alguém quase sobrenatural, alguém que tenha alcançado algo tão maior do que o que você precisa fazer hoje ou amanhã para que sua montanha passe a parecer bem menor e bem mais fácil de escalar.

Para mim, esse herói foi *sir* Winston Churchill. Imagino que seja uma escolha estranha para um jovem latino que vive nos Estados Unidos. Mas, para mim, funciona, e vou explicar por quê.

Churchill nasceu em 1874, no auge da influência e do poderio britânico, filho de um importante político, lorde Randolph Churchill, que, por sua vez, era filho do duque de Marlborough. Embora seu caminho não tenha sido nada fácil, ele alcançou seu próprio Graal — seu "caminhar com o destino", como colocava de forma muito interessante — bem mais velho quando, como primeiro-ministro, levou a Inglaterra à vitória contra os nazistas na Segunda Guerra Mundial.

Como ser humano, estava longe da perfeição. Ao longo de toda sua vida, mostrou propensão a acessos de insegurança pessoal e depressão profunda. Do ponto de vista político e social, era arquiconservador. Simplesmente não compreendia as mudanças pelas quais o mundo estava passando no século XX e ainda acreditava em um idealizado mundo do Império Britânico do século XIX, apesar do terrível impacto que esse mesmo império causou na vida de milhões de pessoas em lugares como a Índia, por exemplo.

Churchill passou por muitas coisas antes de alcançar seu objetivo máximo na vida. Na juventude, mostrou-se um destemido oficial do Exército e vivenciou a ação militar em diversas batalhas. Era também um excelente escritor, tanto de história quanto jornalismo, o que lhe rendeu, no final da vida, um Prêmio Nobel. Tornou-se membro do Parlamento aos vinte e poucos anos, ocupou vários cargos públicos e, apesar de uma dificuldade de fala que sempre o acompanhou, destacou-se como um dos maiores oradores do século XX. Mas nada disso fez com que sentisse que tinha realizado seu próprio destino.

Os nazistas, então, mergulharam a Europa na Segunda Guerra Mundial. Em 1940, já haviam invadido todo o território europeu, tendo derrotado apenas a França, que, naquela época, havia aparentemente reunido o mais poderoso Exército do continente e era considerada o último baluarte contra a expansão nazista. A violenta investida alemã simplesmente aniquilou-a (uma trágica e definitiva contestação da doutrina francesa de defesa estática). No processo da invasão da França pela Alemanha, a Inglaterra, aliada dos franceses, perdeu todo seu equipamento militar, todo seu arsenal — tanques, caminhões, armas —, e os remanescentes do Exército britânico eram continuamente levados de volta ao mar, para Dunkirk, onde fizeram uma desesperada fuga de última hora.

Winston Churchill tornou-se primeiro-ministro em 1940. Já tinha mais de 60 anos. Olhando o canal da Mancha, viu centenas de milhares de soldados e todo o poder da Força Aérea alemã, prontos para invadir. A Inglaterra praticamente não tinha mais nenhum Exército. Diferentemente da França, era uma nação insular pequena e indefesa. Os alemães não teriam problema nenhum em derrotá-la.

Ainda assim, Winston Churchill fez um pronunciamento diante do Parlamento e disse à Inglaterra — e ao mundo — que seu objetivo era a vitória total sobre os alemães. Disse que, apesar da evidente desvantagem, apesar do terror que se aproximava, a Inglaterra triunfaria. Disse ao povo britânico: "Não tenho nada a oferecer a não ser sangue, suor e lágrimas", mas prometeu que o resultado, no final, seria a vitória.

Fez, então, algo que pareceu totalmente tresloucado. A Força Aérea britânica havia sido miseravelmente reduzida a uns poucos aviões. A Força Aérea alemã era infinitamente maior. A coisa mais "lógica" a se fazer nessas circunstâncias seria conservar esses aviões remanescentes para defender o espaço aéreo da Inglaterra quando os alemães invadissem. Em vez disso, Churchill lançou-os contra a Alemanha, atirando bombas sobre cidades e fábricas bélicas alemãs. Em vez de encolherem-se na defensiva, sabendo que em poucas semanas seriam tomados e transformados em escravos dos nazistas, os ingleses partiram para o ataque.

O impacto psicológico desse ato de coragem e ousadia foi tão poderoso no imaginário coletivo — entre alemães, ingleses e, também, entre os aliados — que acabou se tornando um dos pontos decisivos da guerra. Psicologicamente, a Alemanha perdeu força nesse momento e jamais voltou a recuperá-la totalmente. Se a Inglaterra arriscou uma ofensiva, pensaram os alemães, obviamente teria força para conter uma invasão. Suspenderam, então, a travessia do canal. Levaria mais cinco longos e sangrentos anos para derrotar a Alemanha, mas o caminho da Inglaterra para a vitória teve início com esse ato aparentemente insano e ilógico.

"Você pode progredir diariamente", escreveu Churchill. "Cada passo pode ser proveitoso. Mas o caminho que se abre diante de você vai se tornando cada vez mais longo, mais alto, mais complexo. Você sabe que nunca chegará ao final do percurso. Mas isso, em vez de desencorajar, apenas aumenta a alegria e a glória da escalada."

Quando você inicia seu próprio caminho em direção a um objetivo pessoal, ter um personagem como esse, que teve de enfrentar decisões de vida ou morte por todo um país e até mesmo pelo mundo ocidental, que lutou para criar circunstâncias de sucesso nos momentos mais sombrios, pode fazer com que suas provações e os obstáculos que tenha de enfrentar pareçam menores e mais administráveis.

A história está repleta de heróis, muitos deles grandes líderes militares, políticos ou espirituais, cujo exemplo você pode tentar seguir em sua própria vida: Gandhi, Alexandre, Churchill, Marie Curie, Simón Bolívar, Franklin Roosevelt, Martin Luther King Jr., Madre Teresa, apenas para citar alguns. Nenhum deles era perfeito. Alguns deles, como Churchill e Alexandre, eram de fato cheios de defeitos. Especialmente por isso é que podem ser bastante úteis como nossos modelos: eles superaram suas limitações, enfrentaram seus desafios e alcançaram seus objetivos, muitas vezes a despeito das mais inimagináveis adversidades. Se eles puderam fazer isso, por que você não poderia?

RESUMO

- Uma pessoa bem-sucedida visualiza um futuro em que está atingindo um objetivo aparentemente distante.

- Ninguém é realmente capaz de prever o futuro. O futuro não existe. A questão não é *prever* o futuro e, sim, *fazer* o futuro.

- Não tenha medo dos erros. Erros não são falha de caráter. A vida é um processo de aprendizagem. Seus erros podem muitas vezes ensinar mais do que seu sucesso.

- Todos precisam de um herói.

EXERCÍCIO: Quem são meus heróis?

Todos deveríamos ter heróis ou modelos em quem pudéssemos nos inspirar. Pessoas que admiramos e cujo caráter ou atitudes tentamos imitar. Quando somos jovens e facilmente impressionáveis, nos apaixonamos por todo tipo de personagens, que nos atraem por diferentes razões. Entre eles, podem estar super-heróis da ficção, astros da música ou do cinema, personalidades do esporte, um excelente professor. Mas há também aqueles que admiramos pelos motivos errados, como aquela má companhia que acreditamos ser "legal" quando estamos passando por uma fase mais rebelde. Quando crescemos e amadurecemos, o que valorizamos e admiramos em outras pessoas tende a mudar. Teoricamente, nos tornamos mais sábios e passamos a procurar nos outros qualidades positivas que desejamos desenvolver em nós mesmos.

Experimente completar o exercício a seguir para conferir como seus heróis mudaram ao longo do tempo e o que isso pode dizer a seu respeito e a respeito de seus valores.

1. Quando era *criança*, meus heróis e/ou pessoas que mais admirava eram...

2. Quando era *adolescente*, meus heróis e/ou pessoas que mais admirava eram...

3. *Hoje*, meus heróis e/ou pessoas que mais admiro são:

4. Quantos heróis ou modelos de inspiração mudaram desde que eu era criança? Quantos permaneceram? Eles têm algo em comum? O quê? O que mais admiro neles? O que isso quer dizer a respeito das qualidades e características que mais gostaria de desenvolver em mim mesmo?

5

QUINTO PRINCÍPIO

Faça valer sua visão

Primeiro, eles o ignoram; em seguida, riem de você; depois, lutam contra você; e, então, você vence.

— Mahatma Gandhi

O QUE É REALIDADE?

Ao longo da história da humanidade, grandes pensadores de cada civilização — filósofos, cientistas, teólogos, místicos — tentaram responder esta pergunta capciosamente simplória. O simples fato de terem surgido tantas respostas conflitantes já deve nos dizer algo.

Filósofos e religiões orientais tendem a afirmar que o mundo que acreditamos conhecer através de nossos cinco sentidos e por meio da lógica e da razão é totalmente ilusório, um sonho. (Lembro-me da primeira vez que alguém colocou esta idéia em minha cabeça, quando criança. "Como você sabe que tudo isto não é um sonho, e que nós não passamos de personagens nesse sonho?" Esta idéia teve um grande impacto em mim. Foi aí que comecei a entender que poderia, ativamente, dar forma à minha vida e ao mundo que me cercava.) Conseqüentemente, a realidade não pode ser entendida a partir da lógica e da ciência, mas, sim, por meio da intuição.

Até pouco tempo, os pensadores ocidentais tinham uma visão "mais dura". A realidade era aquilo que podíamos perceber através de nossos sentidos. Podia ser mensurada, mapeada e explicada por meio da lógica e da razão, da matemática e das ciências. O universo era ordenado, racional e conduzido por leis rígidas.

Um problema dessa visão era que o que pensávamos saber a respeito da realidade estava sempre limitado pelos nossos sentidos, pelos modelos matemáticos e pelo conhecimento científico. Durante milhares de anos, as pessoas "sabiam" que a Terra era plana, pois era isso que viam com seus próprios olhos; "sabiam" que o Sol girava em torno da Terra, pois viam-no nascer e se pôr diariamente. As pessoas tinham tanta certeza de que esses fatos eram verdadeiros que, quando pensadores corajosos, como Galileu, Copérnico e Colombo, demonstraram o contrário, muitos foram punidos ou até condenados à morte por seu atrevimento. (Até hoje, nos Estados Unidos, algumas pessoas recusam-se a acreditar que a Terra é redonda. Têm até sua própria organização, a Flat Earth Society.)

Nossa lógica e nossos sentidos nos dizem que uma mesa é sólida. Sabemos que se colocarmos uma xícara de café sobre a mesa, ela não cairá. Mas também sabemos, desde a escola, que na verdade a mesa — e também a xícara e o chão — são combinações de inúmeras e minúsculas partículas atômicas. A xícara não atravessa a mesa devido às forças de atração que mantêm as partículas unidas umas às outras. É uma definição completamente diferente de "sólido" daquela que se refere ao que podemos ver e sentir.

Nossos sentidos percebem o espaço no qual nos movemos em três dimensões: comprimento, largura e altura. Durante muitos séculos, cientistas ocidentais utilizaram a matemática, a álgebra e a geometria para mapear e descrever esse universo tridimensional. *Sir* Isaac Newton percebeu, então, que para entender o universo mais integralmente também era necessário conseguir descrever a forma como tudo se move através desse espaço tridimensional e através do tempo (a quarta dimensão). Para tal, ele criou um novo ramo da matemática: o cálculo.

No século XX, físicos começaram a questionar veementemente o quanto da "realidade" é possível observar e mensurar. Quanto mais descobriam a respeito da "realidade" no nível subatômico, mais inconsistências encontravam em relação à "realidade" no âmbito do dia-a-dia e no nível macroscópico. Por exemplo, partículas subatômicas, ao contrário de tudo que acreditamos saber sobre "realidade", parecem poder existir em dois (ou mais) lugares ao mesmo tempo.

Hoje, os físicos avançaram muito em relação ao modelo de realidade quadrimensional de Newton. Segundo a teoria das cordas da física moderna, que diz que todas aquelas partículas minúsculas são como gotas pequeníssimas dispostas em "cordas" de energia vibrantes, pode haver mais de 26 dimensões. Pode haver, também, não apenas o universo que habitamos, mas um número infinito de universos "paralelos". Outra corrente teórica da física avançada argumenta que o universo pode ser como um holograma gigante — de certa forma, uma ilusão.

Em suma, a lacuna entre a filosofia oriental e a ciência ocidental é um pouco menor hoje do que era no passado.

Considerando sua própria vida, a mensagem passada por tudo isso é profunda e libertadora. *Não há somente uma única verdade objetiva. O que há é apenas esta realidade subjetiva — uma realidade que você pode visualizar e, a partir daí, tornar real.* Seus objetivos não estão limitados à definição de realidade de quem quer que seja. Você pode escolher seu próprio futuro. Pode ser o autor de seu próprio sucesso. Saber que a realidade é subjetiva o liberta para imaginar muitos futuros possíveis.

Descobri que, no mundo corporativo, há muitos seguidores da teoria da Terra plana. Festejamos empreendedores na mídia, na ficção e no cinema, mas a verdade é que a comunidade corporativa pode ser muito limitada em suas visões, e o empreendedor bem-sucedido geralmente alcança tal sucesso a despeito da sabedoria aceita no mundo corporativo. Para cada grande visão empreendedora que se destaca o suficiente para chamar a atenção, muitas outras morrem, simplesmente porque são tão radicais ou inovadoras que não conseguem obter o apoio de seus gestores e investidores, que acreditam que a Terra é plana.

Quando estava construindo a StarMedia, e posteriormente a VOY, deparei com céticos tão presos à sua própria noção de "realidade" que não conseguiam nem mesmo entender minha visão, quanto mais acreditar nela.

— Mas... mas... mas... você está tentando construir um conglomerado a partir do nada! — disse-me estupefato um possível colaborador da VOY.

Dei risada.

— Estou, e daí?

— Mas... mas... mas isso é *impossível*!

— Por quê? — respondi.

Em outra reunião, um homem me disse repetidamente que minhas idéias eram "malucas". Ele usou exatamente esta palavra, *malucas*. Paciente e calmamente, expliquei-lhe minha visão. No final da reunião, estava dizendo: "Sabe, isso tudo é tão maluco que pode até dar certo."

A verdade pura e simples é que o ato de criação, em qualquer área — esteja você pintando um quadro, escrevendo um romance ou montando um novo negócio —, é inerentemente irracional. A idéia de que, do nada, você pode criar algo novo desafia a crença convencional. É mágico. De certa forma, as pessoas ainda acreditam apenas em uma "realidade" que possam ver com seus próprios olhos e tocar com as mãos. Quando perguntaram a Michelangelo como ele conseguia esculpir estátuas tão magníficas a partir de blocos de mármore, ele respondia que a estátua já estava lá, dentro da rocha, que havia apenas retirado o excesso que a encobria. A pessoa criativa consegue enxergar a estátua dentro da rocha. Mas a maioria vê apenas a rocha. A pessoa bem-sucedida não deixa que a falta de visão, a visão limitada de "realidade" do outro, a paralise.

O PODER DA CRENÇA

Embora o sucesso adquira várias formas, há um traço psicológico que conecta todas as pessoas bem-sucedidas. Quando olhamos para trás e analisamos os quatro mil e tantos anos da história da humanidade, um padrão se faz presente. Embora cada um de nós seja único, e todos devamos definir e alcançar o sucesso e a felicidade à nossa maneira, parece haver uma atitude, consciente ou inconsciente, presente em todas as pessoas bem-sucedidas. Todos podemos aprender algo com essa atitude, e adaptá-la à nossa própria vida.

Essa atitude pode ser a ferramenta psicológica mais crucial para se iniciar o processo de auto-realização: *o poder da crença.*

Há dois tipos de crença que impulsionam o sucesso. Uma é a *crença racionalizada.* É necessário ter um argumento claro, quase impecável, para aquilo que você deseja criar, para o que você quer fazer com sua vida, seja criar uma nova obra de arte, embarcar em busca de sua vocação pessoal, abrir um negócio, o que for. Você tem de ter uma base lógica. Precisa ter feito a lição de casa, precisa ter se preparado. Isso permite que você se relacione com o mundo não-criativo. Você terá de se explicar às outras pessoas que não necessariamente compartilham suas idéias e que possam não pensar de forma criativa.

A crença racionalizada, no entanto, é apenas a metade do jogo; é necessário também ser guiado pela *crença passional.* Você tem de acreditar que seu Graal está lá, esperando que você o descubra, independentemente de as pessoas afirmarem: "Não, não está." Para criar sua visão única, você tem de acreditar em si mesmo e em sua capacidade de se recriar.

Digo isso baseado em minha própria vida. Quando concebi a StarMedia, agi impulsionado por uma crença passional no poder que a tal novidade chamada Internet teria em transformar a vida de latino-americanos do mundo todo. Para os padrões objetivos, era uma crença irracional. Ia contra às "realidades" da América Latina. Naquela época, havia aproximadamente 50 linhas telefônicas para cada 100 habitantes nos Estados Unidos. No Brasil, havia apenas duas. Na América Latina, um computador custava o equivalente ao salário anual total de um cidadão comum. Portanto, era completamente "irracional" dizer que a Internet iria ser uma força enorme que mudaria a América Latina — a menos que pudessem ver isso, acreditar nisso. E eu acreditava. E funcionou. Hoje, há cerca de 50 milhões de usuários de Internet na América Latina. É a região que apresenta o maior ritmo de crescimento do mundo em relação ao uso da Internet. Eu criei isso. Esse é o poder da crença passional.

Se analisar a história, cada pessoa bem-sucedida de que você tem conhecimento demonstrou tal poder. Essas pessoas projetaram sua crença e vontade no mundo, e fizeram de seu sonho uma realidade.

Mahatma Gandhi acreditava que poderia livrar o povo miserável e desorganizado da Índia do domínio do Império Britânico — e que poderia fazê-lo por meio da desobediência civil pacífica. Que visão mais despropositada! Mas Gandhi acreditou nisso de corpo e alma, e nunca deixou de acreditar durante os 30 anos em que vivenciou fracassos, retrocessos e decepções. Foi preso, certa vez quase morto a pedradas por um grupo ensandecido, foi baleado, sofreu ataques de bombas, mas continuou firme e forte em sua crença. E, no final, libertou a Índia.

Napoleão Bonaparte acreditou que um dia governaria a França. Nasceu pobre, era de origem italiana, nativo da ilha de Córsega, física e politicamente muito distante da cúpula do poder em Paris. Era baixinho; tinha um sotaque que os parisienses achavam engraçado; fazia parte de uma hierarquia inferior do Exército francês. Mas acreditava veementemente que estava destinado a governar a França, e acabou coroado imperador.

Quando jovem, Bill Gates tinha a visão de que, um dia, praticamente todos os domicílios norte-americanos teriam um aparato chamado "computador pessoal". Naquela época, poucas pessoas compartilhavam sua idéia. Computadores eram item de laboratórios de pesquisa e corporações. Mesmo que uma família da classe média norte-americana tivesse condições financeiras de adquirir um computador, o que faria com ele? Gates e seus colegas não desistiram de sua crença e, como fundador da Microsoft, ele não apenas se tornou o homem mais rico do mundo como também *transformou* o mundo com o PC.

O filósofo Hegel afirmou que os verdadeiros heróis são aqueles que visualizam um futuro, mesmo que todos à sua volta não vejam esse futuro, e então trabalham para torná-lo realidade para si mesmo e para os outros. Dado que outras pessoas podem ter dificuldade em ver esse futuro, o processo pode ser solitário. Por fim, quando esse futuro torna-se realidade — parecerá inevitável para todos. Por *ter* acontecido, todos passam a pensar que sempre esteve para acontecer. Depois disso, torna-se "senso comum".

DETERMINAÇÃO

> *Não há como polir a gema sem atrito, tampouco o homem pode alcançar a perfeição sem provações.*
>
> — Provérbio chinês

A mitologia é repleta de histórias de heróis que enfrentam buscas arriscadas. São perseguidos por perigos fantásticos, enfrentam testes de coragem extenuantes, deparam com demônios terríveis, mas sua determinação em cumprir sua missão os conduz através de tudo isso.

Na mitologia grega, Jasão era criança quando seu pai, o rei, perdeu o trono para um tirano. A mãe de Jasão o levou para a caverna de um centauro, que o criou. Quando se tornou adulto, Jasão estava determinado a retornar a seu reino e tomar o trono de volta. Mas, como freqüentemente acontece na mitologia grega, os deuses do Olimpo decidiram que ele teria, primeiramente, de provar que estava apto para tal, passando por uma série de testes e provações. Ele teria de lutar para capturar o lendário Tosão de Ouro.

Jasão tinha uma embarcação, a magnífica Argo, e recrutou uma tripulação de heróis, os Argonautas, entre os quais, Hércules. Em sua viagem, navegaram através da tenebrosa passagem entre as cavernas de Cila e Caribde; derrotaram criaturas monstruosas como as Harpias, que tinham cabeça de mulher e corpo de abutre; domesticaram um grupo de touros gigantes que soltavam fogo pelas ventas; e, logicamente, lutaram contra o dragão que guardava o Tosão. A determinação de Jasão (com a ajuda de deuses bondosos) fez com que passasse por todas as provações. Jasão capturou o Tosão e foi recompensado.

Os mitos gregos são repletos de histórias de heróis como Jasão — e Hércules, Perseu, Odisseu e Orfeu —, que tiveram de provar sua determinação incansavelmente, passando por inúmeros testes de força, coragem e astúcia, antes de serem premiados pelos deuses. Essas histórias eram contadas pelos gregos da Antiguidade não apenas para divertir, mas para ensinar lições de vida. Uma das lições que é comum a todas essas lendas de heróis é a do *poder da determinação incansável*.

Na vida real, as pessoas bem-sucedidas exibem essa mesma determinação incansável. O que quer que surja no caminho, quaisquer que sejam as barreiras, é necessário superá-las — e você tem de acreditar que irá *superar*. É esse senso do constante movimento adiante que acredito estar embutido nas palavras "*voy*, vou". Cada pessoa que alcançou algum sucesso na vida tem essa determinação de superar obstáculos para atingir seu objetivo. Como Vince Lombardi disse certa vez: "Não venha me dizer quantos rochedos há no mar, apenas traga o navio."

Não estou falando em otimismo cego. Não estou falando sobre a capacidade que certas pessoas parecem ter de ser naturalmente felizes em sua vida, independentemente das calamidades que possam ocorrer.

Estou falando sobre conhecer e ter fé em sua missão. É poder falar: "*Esta* é minha missão. *Este* é meu objetivo. *Este* é meu Graal." Alguns podem dizer: "Você deve estar maluco por acreditar que conseguirá vender suas histórias em quadrinhos para algum jornal. O que será publicado já está decidido. Não vão querer uma tirinha maluca sobre uma margarida falante que fica no parapeito da janela. Atenha-se ao que realmente tem de fazer." Essas pessoas podem até estar certas, mas sua missão é muito maior, você sabe claramente aonde pode chegar, o que significa que você não precisa ficar discutindo todos os pontos negativos que venham a lhe mostrar. Ouça as objeções, pense nelas; você pode até adaptar sua estratégia se achar que há algo válido, algo que pode lhe ser útil. Mas é necessário também ter consciência de que o que o moverá adiante é muito maior do que qualquer comentário ou reação negativa. Você está buscando seu Graal pessoal. À medida que avança pela mata, pode deparar-se com uma árvore que atravanca seu caminho, ou um riacho que cruza por ele, ou outro desafio ou obstáculo qualquer. Você não desiste ao primeiro sinal de que seu caminho esteja bloqueado. Você sabe que, se continuar adiante — mesmo que tenha de retroceder temporariamente, desviar da árvore caída ou atravessar o riacho —, encontrará seu Graal.

Se observar qualquer pessoa bem-sucedida que conheça — desde políticos famosos, cientistas ou médicos até aquele professor primário que foi inspiração para você —, verá que todos têm uma consciência de seu propósito que vai além do momento, além de qualquer pormenor negativo ou obstáculo, e que os leva adiante. Essa é a essência de *transcendência*.

Muitos passam pela vida sem essa consciência de um propósito que lhes dê direção. Muito freqüentemente, vivemos o aqui e o agora, riscando as bananas e o leite da lista de supermercado, apertando botões no caixa eletrônico, acelerando para chegar à estação e não perder o trem das 7h32. Muito freqüentemente, vivemos em um estado mental em que a opinião dos outros faz com que duvidemos de nós mesmos e de nossas crenças. Se não acreditar em si mesmo e na sua visão, é provável que você passe a vida inteira como um barquinho de papel sendo jogado de um lado para o outro no mar das opiniões alheias. Você pode abandonar seu próprio caminho através da floresta e seguir a opinião do outro. É mais fácil viver assim, pois alguém já terá desbravado o caminho para você. Mas, desta forma, nunca chegará ao seu Graal.

Não estou dizendo que você não deva dar ouvidos aos bons conselhos. Isso também é tolice. Estou dizendo que é necessário selecionar os conselhos que o ajudarão a alcançar seu objetivo. Por exemplo, embora tenha provado a mim mesmo que sou bom em visualizar e criar um novo negócio, tenho também consciência de que uma de minhas fraquezas está relacionada às questões financeiras. Não sou contador nem banqueiro. Não penso como contador nem como banqueiro. Nem ao menos sei *como* é pensar como contador ou banqueiro. Ou seja, se não me unir a bons contadores e bons banqueiros, a pessoas que são boas com números, finanças, orçamentos e afins, não conseguirei fazer de minha visão uma realidade.

Há dois tipos de pessoas no mundo: criadores e destruidores. Para cada Michelangelo, um criador de inspiração divina que consegue transformar qualquer pedra em uma sublime e primorosa escultura, há um destruidor esperando na esquina com um martelo que adoraria estraçalhar aquela bela criação. Percebemos isso até em crianças. Na praia, você pode observar uma criança construindo por horas um castelo de areia, completamente absorvida no ato da criação. Aí vem outra criança que, por inveja, chuta e pisa o belo castelo até que fique reduzido a um monte de areia.

Algumas pessoas carregam esse senso de destruição para a fase adulta. Não suportam ver o outro sendo criativo, feliz, destacando-se na multidão. Farão e dirão qualquer coisa para destruir a pessoa e evitar que seja bem-sucedida. As celebridades sabem bem disso. Mal alcançam a fama e o sucesso que um mundo inteiro de negatividade concentra-se nelas para deixá-las sem graça, negar seu sucesso, "reduzi-las a pó".

Mas não é preciso ser estrela de cinema para atrair esse tipo de energia destrutiva. Às vezes, basta ser criativo, ser alguém em busca do sucesso e da auto-realização. É necessário aprender a distinguir em sua própria vida os criadores dos destruidores, e não deixar que a energia destrutiva o contamine.

FAZENDO VALER SUA VISÃO

Visão é a arte de ver o invisível.

— JONATHAN SWIFT

Os romanos da Antiguidade tinham um ditado: *A sorte é a aliada dos bravos.* Coloquei esta frase na porta do primeiro escritório da Star-

Media, onde podia ser vista, diariamente, por todos que lá entravam. Era 1996; tínhamos pouquíssimo dinheiro e ninguém acreditava que a Internet poderia ser uma força na América Latina. Percebi que a única maneira de transformarmos nossa visão em realidade seria criando a própria sorte e as oportunidades, saindo para o mundo e discursando, com agressividade, a respeito de nossa visão para pessoas que poderiam nos ajudar a realizá-la.

É preciso muita coragem para falar ao mundo sobre uma nova idéia, uma visão que nunca ninguém tenha tido e que, a princípio, poucos acreditam ser realista. Quando você está tentando implantar uma nova idéia, as pessoas irão automaticamente rejeitá-la e dizer que não será possível e que você é louco em pensar tal coisa. Irão lhe dar 101 razões lógicas e pragmáticas explicando por que não dará certo. Por fim, a única forma de torná-la real é por meio de uma determinação absoluta de *fazer* com que aconteça. Como se costumava dizer na NASA durante o programa Apollo à Lua, o fracasso — fracasso absoluto, estratégico, não pequenos fracassos táticos pelo caminho — não era uma opção. Realmente, eu estava convencido de que nosso objetivo estratégico estava certo, sabia que seria bem-sucedido, independentemente do que acontecesse no caminho em direção àquele objetivo. As táticas eram quase uma questão menor para mim, tamanha minha crença no sucesso estratégico absoluto.

Lembre-se de que *não há um futuro preestabelecido, predeterminado. Você e as pessoas à sua volta criam o futuro diariamente.* Não há, portanto, uma boa razão para que sua visão no futuro não se transforme em realidade. *Se tiver fé absoluta e projetar, ativamente, sua visão no mundo e na mente das pessoas que o rodeiam, você começará a transformá-la em realidade.*

Nunca é demais repetir que, para ser capaz de fazer valer sua visão, você tem de acreditar nela integralmente, apaixonadamente, de corpo e alma. É necessário ter certeza e confiança para projetá-la. Se não tiver certeza de sua visão, passará essa dúvida aos outros. Se não demonstrar que acredita totalmente nela, por que os outros acreditariam? Não estou dizendo que você deva ser um déspota arrogante que transborda otimismo. Mas, se projetar dúvidas, incutirá dúvidas.

Essa é uma lição que aprendi a duras penas. Nas primeiras reuniões que tive em Hollywood para discutir meus planos para a VOY, deixei que minhas inseguranças enfraquecessem minha mensagem. Hollywood era um lugar novo para mim, me senti como um estrangeiro do leste, cheguei tímido e hesitante. "Sei que meus planos podem parecer um pouco malucos..."

Ninguém precisava ouvir isso! Estava lá para inspirar as pessoas a se unirem a mim nesta viagem, não para reforçar noções preconcebidas que pudessem ter a respeito das maluquices dela. E tal atitude não foi nem ao menos autêntica de minha parte. Pessoalmente, não tinha dúvidas sobre minha visão. Mas fui a essas reuniões preocupado com o fato de que *eles* teriam dúvidas — e acabei concordando com eles!

Após os primeiros passos em falso, aprendi a projetar minha visão de uma forma mais assertiva e autêntica. Simplesmente contei a todos como seria o futuro, e lhes dei a chance de me ajudarem a criar esse futuro. Ao projetar veementemente a convicção que tinha em minha visão, ficou muito mais fácil fazer com que os outros acreditassem nela, participassem dela. Lembro-me de uma reunião onde estava descrevendo um programa de televisão da VOY, e uma mulher, sentada do outro lado da mesa disse: "Incrível! Quando o programa foi ao ar? Como eu pude perder?" Tive de explicar que não havia ido ao ar — que nem havia sido produzido. Eu havia visualizado o programa com tamanha clareza que ela achou que estivesse descrevendo algo que já existia. No final da reunião, ela estava prontíssima para ajudar a transformar minha visão em realidade.

Às vezes, fazer com que as pessoas vejam o que você visualizou significa persuadi-las a ajustar seu foco. Você sabia que a maioria dos cometas e asteróides identificados não foi vista por astrônomos profissionais em seus telescópios gigantes, e sim por amadores? Isso porque os astrônomos profissionais simplesmente não os estavam procurando. Os profissionais usam seus telescópios para buscar fenômenos precisos, geralmente distantes — galáxias longínquas, um determinado pulsar e assim por diante. Procuram fragmentos minúsculos no céu, de forma metódica. São os milhares de amadores em todo o mundo, observando o céu mais aleatoriamente, que quase sempre "descobrem" cometas e asteróides navegando pelo espaço.

Vender sua visão aos outros pode ser mais ou menos isso. As pessoas estão tão ocupadas em olhar o mundo de sua própria maneira que é difícil ajustarem o foco da visão e da mente — principalmente se sua visão for, para elas, algo novo escondido no céu.

RESUMO

- Não há uma verdade objetiva. Há apenas uma realidade subjetiva — uma realidade que você pode visualizar e tornar real.

- Há dois tipos de crença que impulsionam as pessoas bem-sucedidas em direção a seus objetivos: a crença racionalizada e a crença passional.

- Todas as pessoas bem-sucedidas exibem a mesma determinação incansável. Independentemente do que surja em seu caminho, independentemente de qualquer barreira, você tem de superar — e tem de *acreditar* que irá superar.

- Não há um futuro preestabelecido, predeterminado. Você e as pessoas à sua volta *criam* o futuro diariamente. Se tiver fé absoluta em sua visão, e projetar essa visão ativamente no mundo e na mente das pessoas que o cercam, *começará* a transformar essa visão em realidade.

EXERCÍCIO: Praticando a autoconfiança

Para fazer valer sua visão para o mundo, você tem de acreditar nela — e em si mesmo. Algumas pessoas têm sorte, parecem ter nascido com uma personalidade decidida, autoconfiante. A maioria não é assim. Até mesmo algumas das pessoas mais bem-sucedidas da história sentiram-se acuadas pela dúvida, pela timidez ou pelo terror de apresentar sua visão aos outros. Mas aprenderam a superar essas dúvidas e medos. Você também pode aprender.

A seguir estão duas técnicas simples para iniciantes que podem ser usadas como forma de desenvolver um sentimento de confiança em si mesmo e em sua visão. Você pode praticá-las em casa, sozinho. Pratique-as diariamente e logo perceberá uma diferença na forma como se apresenta e como apresenta suas idéias aos outros.

1. Seja seu próprio campeão

Um dos maiores obstáculos psicológicos para se manter a autoconfiança em público não é a maneira como os outros o enxergam, e sim a maneira como você se enxerga — seus próprios sentimentos de inadequação, seus medos, como põe em dúvida sua própria capacidade. Não é que os outros não tenham confiança em você; quem não a tem é você mesmo.

Em vez de se martirizar, tente construir essa confiança. Diariamente, ao acordar, olhe-se no espelho e bata consigo mesmo um papo que o coloque para cima. Parabenize-se por algo bom que fez no dia anterior, mesmo que seja algo pequeno e que ninguém tenha notado. "Quando aquele cliente começou a ficar bravo, você conseguiu contornar a situação." Ou: "Aquela chegada a mais que você fez na natação foi um marco e tanto. Na semana passada, você nem acreditava que conseguiria. Parabéns."

No início, você pode achar meio ridículo conversar consigo mesmo, mas não desista. Faça em si mesmo um carinho todas as manhãs antes de seu dia começar. Você irá gradualmente sentir que sua autoconfiança aumentará. Quanto mais conseguir se auto-elogiar, mais fácil será neutralizar pensamentos e atitudes negativas.

2. Enxergue-se vencedor

Projetar uma imagem positiva e confiante é fundamental quando estamos tentando despertar o interesse dos outros para que se unam a nós em busca de um objetivo. Se você projeta dúvida ou negatividade, os outros certamente perceberão. Antes de fazer com que os outros o enxerguem como um vencedor e um líder, você tem de se enxergar assim.

Antes de fazer uma apresentação a outras pessoas, pode ser de grande utilidade imaginar essa apresentação — e imaginar que dará certo. Visualize o máximo de detalhes que conseguir. Imagine o cenário — uma sala de conferências, o escritório de um supervisor, o que for. Imagine-se então fazendo a apresentação, incluindo todos os passos que havia preparado. Imagine-se fazendo-a com calma, confiança, projetando seu otimismo no público e sentindo um retorno positivo das pessoas.

Quanto mais repetir essa "prática" antes da data real da apresentação, mais confiante e relaxado estará quando chegar a hora — e maiores serão as chances de o resultado ser um sucesso.

6

SEXTO PRINCÍPIO

Projete e transforme

Percebi que, se repetisse o suficiente, convenceria o mundo de que realmente era o melhor.

— MUHAMMAD ALI

No século XVI, a rainha Elizabeth da Inglaterra promulgou leis regulamentando o tipo de vestuário e jóias que seus subordinados poderiam usar. Ninguém, exceto os nobres e a realeza, poderia usar materiais como seda e cetim, pele de animais ou brocados de ouro e prata.

Decretos desse tipo, conhecidos como leis suntuárias, vigoraram, em algum momento, em quase todas as culturas. Tinham o propósito de reforçar as diferenças de classes por meio da moda. Na época de Elizabeth, a classe dos mercadores havia enriquecido bastante, passando a ter condições de comprar vestimentas típicas dos nobres e da realeza. A rainha e a nobreza ficavam escandalizadas ao ver meros comerciantes vestindo-se da mesma maneira (às vezes, até melhor) que eles, e, conseqüentemente, resolveram pôr fim a isso regulamentando um código de vestuário nacional.

A rainha Elizabeth não estava apenas regulamentando a moda. Se não era possível distinguir um duque de um rico comerciante, significava que toda a ordem da sociedade inglesa estava indo por água abaixo. Nobres e realeza tinham de estar, sem dúvida, no topo da pirâmide social, em uma classe totalmente distinta e acima da dos cidadãos comuns. Se comerciantes nascidos em classes baixas se parecessem e agissem como duques e príncipes, essa rígida hierarquia estava sendo desrespeitada — com grandes repercussões. Como seria possível saber o que a classe dos cidadãos comuns faria a seguir? Dominar o país, talvez?

Como não podia deixar de ser, Elizabeth tinha por que se preocupar. Levariam outros 200 e poucos anos, mas, em toda a Europa, os cidadãos comuns acabariam tomando o poder, destituindo reis e reduzindo-os a meros testas-de-ferro.

Havia boas razões para que reis e rainhas usassem coroas valiosas e mantos de pele. E há um porquê de os executivos ficarem exibindo seus Rolex de ouro. Não por acaso os senadores de Roma foram colocados de lado quando Júlio César começou a usar suas togas púrpura.

Todos criam uma imagem de si mesmos no mundo, quer queira, quer não. Essa imagem afeta tudo com o que você se depara. Se projetar uma imagem negativa, o impacto será ruim. Esboçar e projetar uma auto-imagem positiva, por outro lado, pode transformá-lo em alguém que controla situações e que exige respeito. Todos os grandes líderes sabem disso. Para tornar-se líder, alguém que inspire confiança e colaboração, é necessário pensar e agir como um líder. Por fim, essa projeção torna-se uma transformação verdadeira.

A forma como decidimos "embrulhar" nosso corpo representa sugestões visuais altamente simbólicas. Há uma relação direta entre a forma como você se veste e o *status* que deseja passar — assim como o *status* que os outros desejam lhe dar. Em nossa sociedade, somos educados a acreditar que as roupas e a aparência são algo superficial — e que "O que importa é o que há por dentro". E isso é verdade, lógico. Mesmo assim, você não pode ignorar o fato de que a forma como se apresenta passa todos os tipos de mensagens sobre "o que há por dentro". E essas mensagens têm um efeito poderoso na maneira como as pessoas o recebem, e, conseqüentemente, em sua capacidade de fazer valer sua vontade no mundo. Sua aparência e a forma como age — não apenas suas roupas, mas também seus modos, como se porta, como fala, até mesmo sua postura —, tudo isso passa sinais, conscientes ou inconscientes, sobre quem você é, de onde veio e para onde está indo. Fazem parte de um pacote total de como você se apresenta aos outros. E isso pode aprimorar ou limitar sua capacidade de fazer valer sua visão e sua vontade no mundo.

Implicitamente, todos entendemos isso. Não é por acaso que livros como *Dress for Success* (Vestido para o Sucesso) e *Miss Manners: Guide to Excruciatingly Correct Behavior* (Guia de Boas Maneiras para um Comportamento Penosamente Correto), de John T. Molloy, são sucessos de vendas. O famoso programa de tevê *Queer Eye for the Straight Guy* no qual especialistas dão um banho de loja em norte-americanos comuns que vai desde os sapatos e corte de cabelo até a mobília da casa, não é um programa sobre moda, no sentido real da palavra; em vez disso, baseia-se no entendimento de que aperfeiçoar a forma como o homem se projeta maximiza sua capacidade de ser bem-sucedido na sociedade.

Eu, por ter crescido pobre, sempre tive a dolorosa consciência de minhas roupas de segunda mão. Mais acentuadamente no colegial, época em que questões sobre *status* social tomam uma proporção enorme, minhas roupas surradas eram algo a mais que me levava a sentir que "não fazia parte", que de alguma forma era "diferente" de meus colegas bem vestidos, que "não era tão bom" quanto eles.

Quando comecei a desenvolver a VOY, viajei de Nova York para Hollywood para reuniões com executivos, onde discutiríamos a criação da programação de televisão da VOY. Mal entrei na sala, percebi que não estava vestido apropriadamente para a situação. Não que estivesse mal vestido — estava de paletó e gravata. É exatamente assim que as pessoas se vestem para reuniões em Nova York. Mas vi, logo de cara, que estava inadequadamente vestido para uma reunião de negócios em Hollywood. Os executivos estavam todos vestidos da forma casual californiana — belas camisas e calças, mas não de paletó e gravata. No mundo deles, eu parecia um nova-iorquino tenso, conservador.

Não bastava soltar o nó da gravata para consertar a situação. A maneira como estava vestido continuaria a passar a esses produtores hollywoodianos a impressão de que eu era diferente deles. O simples fato de estar vestido daquela forma dificultou o trabalho de fazer com que as pessoas entendessem minha causa.

Voltei a Nova York determinado a não cometer esse erro novamente. Ao mesmo tempo, não entendo muito de moda e não sabia como me vestir à maneira californiana, ou seja, com estilo, mas confortável. Pedi conselhos a uma amiga que entende do assunto. Fomos fazer compras e ela me ajudou a montar um guarda-roupa mais apropriado. Foi uma experiência incrível para alguém como eu, que não tem muita noção de moda. Primeiramente, ela teve de fazer com que eu abrisse mão do estilo de que gosto. Tudo que escolhia, ela considerava muito sério e fechado. Optamos, então, por uma coleção de roupas completamente diferente daquilo que estou acostumado a usar — peças mais coloridas, tecidos mais ricos e um estilo menos sério, mais casual.

Nas semanas seguintes, fiquei impressionado como o meu novo estilo transformou a maneira como os outros reagiam, tanto em Nova York quanto em Hollywood. As pessoas começaram a se aproximar de mim mais rapidamente do que quando me vestia como um executivo sério. Em todos os lugares, as mulheres elogiavam minhas roupas. Isso *nunca* havia acontecido antes.

A maneira como os outros reagiam à minha aparência trouxe também algumas mudanças internas impressionantes. Passei a me sentir mais confiante. Destaquei-me como nunca, e descobri que gostava disso. Os efeitos foram muitos além do "vestir-se para o sucesso". *Há uma relação psicológica direta e poderosa entre a maneira como você se apresenta, como se sente consigo mesmo e a forma como as pessoas o tratam.*

Se, como eu, você não confiar em sua própria noção sobre moda, um amigo que entenda como você está tentando traduzir seu eu interior para o mundo pode ser seu conselheiro, seu "espelho".

Você também pode consultar revistas de moda e dar uma olhada nos anúncios para encontrar modelos que considere bons para você e para a maneira como quer se apresentar. E não é necessário comprar produtos caríssimos — há redes de lojas, assim como lojas de departamentos no *shopping* mais próximo de sua casa, onde é possível encontrar versões mais baratas similares às das grifes caras. Fora os livros que explicam como ser chique, como estar na moda, escritos especialmente para ajudá-lo com noções básicas sobre como montar um guarda-roupa adequado e acessível.

A maneira como você se apresenta para os outros, além da forma como se veste, passam muitas mensagens sutis — algumas das quais você talvez nem tenha tido a intenção de transmitir. Os exemplos são simples e óbvios. Sua postura — se anda com os ombros arcados, se olha para o chão em público — sinaliza ao mundo que tem baixa autoestima. Quando se esparrama em uma cadeira, mostra aos outros que é preguiçoso. Se usa palavras vulgares, mostra que não tem grandes aspirações sociais. Se seu aperto de mão não é firme, instantaneamente passa a impressão de ter um caráter falho.

Se você acha que saber qual é o garfo de salada ou como usar bem um guardanapo são apenas artifícios sociais, repense. Etiqueta e boas maneiras são a destilação de centenas de anos de comportamento social. E, querendo ou não, são também códigos de comportamento com os quais as pessoas identificam-se umas com as outras em cenários sociais. Não é por acaso que, em processos de contratação, você é convidado para almoçar ou jantar com seus possíveis empregadores. Não é porque eles acham que você precisa almoçar ou jantar. É porque querem ver como você se comporta em um ambiente social — se é alguém que querem que faça parte da equipe deles. Se comer com a boca aberta e pegar o copo dos outros, vão deduzir que você talvez não tenha boas maneiras e não saberá se comportar em outras situações.

Muitas pessoas levam a vida como se cordialidade fosse algo sem importância. "Não me importo se sou grosseiro com os outros. Sou um indivíduo. Sou livre. Por que me importaria se acharem que sou grosso?"

Vemos pessoas agindo assim o tempo todo. Recentemente, em uma viagem entre Los Angeles e Nova York, havia um homem na minha frente que passou o vôo todo sendo grosseiro com a tripulação e com os outros passageiros. Por horas a fio, esse homem transmitiu negatividade e infelicidade a todos que o cercavam. Quando aterrissamos, ajudei-o a pegar sua mala do compartimento de bagagem, e ele, além de não agradecer, também me ignorou. Naquela hora, juro que me arrependi de tê-lo ajudado. Tenho certeza de que há muitas outras pessoas com quem esse homem já foi grosseiro e que sentiram o mesmo. No final, se você é rude com os outros, isso *voltará* para assombrá-lo.

Juan Carlos, o rei da Espanha, atrasou-se, certa ocasião, para uma entrevista com um jornalista. Ao chegar, pediu desculpas pelo atraso. O jornalista ficou surpreso com o fato de o rei pensar que precisava se desculpar com um mero jornalista. Juan Carlos disse que, exatamente pelo fato de ser rei, buscava sempre mostrar respeito e ser cortês com todos. Era seu dever mostrar a seu povo, como exemplo, como o respeito mútuo é importante. Se o rei tenta chegar na hora e pede desculpas quando se atrasa, as outras pessoas não deveriam ser educadas assim também?

É extremamente fácil aprender os códigos básicos de etiqueta e boas maneiras. Na livraria ou biblioteca mais próxima de sua casa certamente há vários livros que explicam isso. Há também livros de "etiqueta dos negócios", que oferecem dicas sobre como agir em uma entrevista de emprego, reunião e assim por diante.

Isso tudo pode parecer superficial e trivial, mas, *a não ser que seu objetivo maior seja tornar-se um ermitão em uma distante montanha, a forma como interage com o resto do mundo terá grande impacto na chance de conseguir ou não o que quer da vida.* Estar pronto para fazer com que os outros se sintam confortáveis e o aceitem para que você possa comunicar suas idéias é uma habilidade vital. Ser educado e cortês com os outros é algo para seu próprio interesse e que torna mais fácil conseguir ajuda e suporte quando precisa.

O PODER DA PROJEÇÃO

Não há área onde vemos mais respeito pelo poder da projeção do que no campo do marketing de marca. Não é por acaso que, em inglês, esse mesmo conceito de "identificação de marca" refira-se à marca de identificação que é colocada no couro do gado e em produtos empresariais cujas identidades fixam-se permanentemente em nosso cérebro.

A década de 1950 foi a época dourada do marketing de marca, período em que muitas técnicas de marketing e publicidade foram pioneiras em estimular uma avalanche de produtos em meio a um cenário de consumo em ascensão. Hoje, marcas concorrentes de detergentes tentam mostrar que são mais eficientes que outras, que poluem menos o meio ambiente, que são mais "concentradas" e assim por diante. E isso não acontecia nos anos 1950. Naquela época, todos os detergentes eram basicamente os mesmos; só mudavam a embalagem e a propaganda que distinguia uma marca de outra concorrente. Departamentos de marketing e agentes publicitários trabalharam arduamente e criaram campanhas engenhosas para fazer com que esse produto fosse mais desejado do que aquele, ou para avisar às donas-de-casa que deveriam preferir isso àquilo. Há uma marca de detergente nos Estados Unidos, por exemplo, cuja cor foi alterada várias vezes. Atualmente, esse detergente é azul porque as mulheres, 50 anos atrás, decidiram que preferiam os detergentes azuis aos amarelos ou vermelhos. Também foram adicionadas diversas fragrâncias aos detergentes, para conquistar a preferência do consumidor.

A "novela" é outro resultado direto da guerra de marketing dos detergentes da década de 1950, quando cada marca associava-se a uma novela em particular na tentativa de se destacar entre os concorrentes: uma marca patrocinava tal novela; outra marca, outra novela e assim por diante.

É possível perceber que toda essa identificação de marca nada tinha a ver com o fato de um detergente *funcionar* melhor do que os outros; era, simplesmente, uma guerra de embalagens, projeção e imagem.

Acredite ou não, o marketing de marca nem sempre é tão "cínico". Quando trabalhei na Ogilvy & Mather, uma de minhas contas era a do sabonete Dove, da Unilever. Assim como os detergentes, a maioria das marcas de sabonete é parecida. O consumidor vai ao supermercado e lá encontra 40, 50 marcas nas prateleiras. O trabalho do profissional de marketing é fazer com que o consumidor opte por sua marca regularmente. É muito difícil. As pessoas não costumam ficar pensando em sabonetes, exceto quando estão nesse determinado corredor do supermercado. O profissional tem de fazer com que a marca seja tão importante para a vida do consumidor que ele lembrará de pegar exatamente o seu naquele momento.

O Dove conseguiu destacar-se entre os outros sabonetes; todos sabemos que o Dove tem "um quarto de creme hidratante". Trata-se de uma vantagem real e tangível que nenhum outro sabonete pode alegar ter. E, ao literalmente "identificar" essa vantagem na mente dos consumidores, os profissionais de marketing do Dove transformaram-no na mais bem-sucedida marca de sabonete do planeta.

Os leitores mais jovens podem não se lembrar, mas houve um tempo, não muito distante, quando um copo de água era a coisa mais comum e sem graça do mundo. Era (mais ou menos) inodora, insípida e incolor, e para consumi-la bastava abrir a torneira. Ninguém, pelo menos do mundo industrializado, dava a mínima importância à água.

As empresas francesas Perrier e Evian conseguiram realizar uma façanha admirável, até então impensada: transformaram a água em uma mercadoria de consumo de prestígio. Ao projetar, engenhosamente, a imagem de água engarrafada como uma parafernália dos ricos e famosos, um acessório com estilo e toque europeu, a Evian, literalmente, criou um mercado inexistente até então. Uma simples garrafa de água tornou-se um "aperfeiçoador de imagem" que passou a ser um símbolo de *status* como um Jaguar ou um Rolex — porém, muito mais ao alcance do bolso das pessoas. Água engarrafada era algo chique, água engarrafada era elegante, água engarrafada era algo de "classe".

Quando uma empresa inventa um novo território como a Evian fez, muitas outras, com certeza, copiarão. Hoje, há dezenas de águas "com estilo", todas apostando alto para projetar uma imagem convincente de que sua água é, de alguma forma, "melhor" que a dos concorrentes, ou, pelo menos, mais atual e moderna.

Ninguém projetou sua imagem de maneira tão perspicaz quanto a Fiji Water. A Fiji, uma pequena empresa produtora de água engarrafada, fundada em 1996, não faz propaganda tradicional, mesmo assim, conseguiu, com sucesso, ofuscar a Evian como a marca preferida dos "badalados". Conseguiu isso patrocinando eventos chiques como o New York's Fashion Week, insinuando ser a água engarrafada "oficial" de famosos restaurantes em Manhattan e Los Angeles, e enviando caixas para estrelas de cinema e outras celebridades, que, logicamente, se deixavam fotografar segurando a garrafa Fiji quando os *paparazzi* surgiam.

No topo dessa brilhante "campanha de guerrilha de marketing", a água engarrafada pela Fiji Water, ao contrário de alguns concorrentes, realmente vem de uma fonte pura em uma das ilhas Fiji. Ou seja, pode realmente alegar ser não apenas a mais moderna, mas também melhor que as outras.

Mesmo uma corporação gigante e mundialmente bem-sucedida como o McDonald's entende o poder da projeção e confia nele. Se fosse possível voltar no tempo e observar as propagandas do McDonald's de 30 ou 40 anos atrás, você veria muitas imagens de famílias americanas felizes devorando suculentos hambúrgueres e batatinhas crocantes, de dar água na boca. Se observar os comerciais de hoje, no entanto, perceberá algo curioso: não são mostrados hambúrgueres. A palavra "hambúrguer" não é nem mesmo mencionada. Se alienígenas vissem os anúncios atuais do McDonald's, não teriam a menor idéia de que se trata de uma rede de sanduíches. Com todos os ataques ao *fast food* como a "causa" da obesidade nos últimos anos, o McDonald's aprendeu a projetar uma nova imagem, uma imagem que coloca seus produtos "não-saudáveis", tais como hambúrgueres e batatinhas fritas, em segundo plano, e a substituí-los por itens supostamente mais "saudáveis" tais como o Chicken McNuggets e o McLanche Feliz (engenhosamente promovido em conjunto com os filmes da Disney, símbolo daquilo que é perfeito para crianças, do objeto americano "sadio").

Alguns dos exemplos acima podem parecer uma mostra do cinismo do marketing corporativo, mas é possível aprender algo com eles. Você também está enfrentando um mercado. Enquanto *prossegue em direção a seu objetivo pessoal* — seja um empreendimento empresarial, um emprego melhor ou a realização do sonho de ser documentarista ou dançarina —, há uma grande probabilidade de ter de "vender-se" aos outros e, também, de "vender" sua visão. A forma como se apresenta e a imagem que projeta podem ser vitais para que seus esforços sejam bem-sucedidos.

UM LÍDER PROJETA FORÇA

Quando dois chimpanzés machos e jovens, com o mesmo tamanho e força, deparam-se um com o outro em uma clareira na selva, o que se vê a seguir é um teatro muito curioso e interessante. Nenhum dos dois quer iniciar uma briga com um concorrente cujo tamanho é praticamente o mesmo que o seu, já que as chances de vencer são meio a meio. E perder a luta significaria não apenas a possibilidade de ter ferimentos que podem ser fatais, mas, pior do que isso, uma redução do *status* dentro da tribo. Para um chimpanzé macho e jovem, o *status no* grupo é tudo. Se ele conseguir manter, cuidadosamente, sua posição e subir na hierarquia do grupo, um jovem macho pode, um dia, tornar-se o líder, o "macho alfa". E, parafraseando a famosa frase de Mel Brooks, é bom ser o macho alfa em uma tribo de chimpanzés. O macho alfa tem a melhor comida, o lugar mais macio para descansar, a primeira tentativa com as fêmeas, além de muitas outras regalias. (Também herda todo o estresse, responsabilidade e perigo físico de ser o líder, mas os jovens chimpanzés, como muitos jovens executivos subindo os degraus corporativos, não parecem se preocupar com essa face escura do sucesso.)

Os dois jovens chimpanzés, cada qual confrontando um oponente com tamanho quase igual, são cautelosos e evitam qualquer mostra de agressão ao encontrarem-se. Não querendo provocar uma briga quando há a mesma chance de perder ou vencer, não batem no peito, não mostram os dentes, não dão golpes no ar — ou seja, não "fazem macaquices". Em vez disso, ambos erguem-se o quanto podem, adotam a postura mais digna possível — e lá ficam, parados feito estátuas, encarando-se, de forma impassível, aparentemente despreocupados, pelo tempo que conseguirem. Em seguida, simplesmente dão as costas um ao outro e, silenciosamente, seguem em direções opostas. Vivem para brigar em um outro dia.

Mais tarde, quando cada um dos jovens macacos acredita estar sozinho na floresta, sem ser observado pelo resto da tribo, ele relaxa e deixa que todo o estresse daquele encontro se vá. Tremerá de medo e mostrará os dentes fazendo caretas angustiadas. Esmagará o chão e quebrará galhos. Foi necessário um grande exercício de disciplina para que conseguisse reprimir qualquer sinal de tensão no confronto público com seu rival. Sozinho, é hora de colocar tudo para fora.

Durante o ápice de seu poder como soberano da Alemanha nazista, Adolf Hitler era prepotente e intimidador quando se dirigia a outras figuras políticas. Parecia ser extremamente confiante em sua superioridade e na do povo alemão. Todos que passavam por um desses encontros, psicologicamente abusivos, com Der Führer, não tinham a menor idéia de que Hitler pudesse ter uma ponta de dúvida nem percebiam alguma demonstração de lapsos momentâneos de autoconfiança.

Mas para Hitler, como acontece com os jovens chimpanzés, era tudo teatro, e o preço pago foi um enorme estresse emocional. Quando sozinho com seus seguidores mais próximos, após um desses encontros, Hitler literalmente teve um colapso, caiu no chão e sofreu estranhos ataques de choro e soluços. Toda a ansiedade e dúvida reprimidas em público foram colocadas para fora quando sozinho.

O mundo nunca esteve tão perto da Terceira Guerra Mundial e da destruição nuclear quanto durante a Crise dos Mísseis em Cuba, em 1962. A União Soviética estava instalando bases de mísseis em Cuba, a apenas 155 quilômetros da Flórida. Era um ato escandalosamente provocativo, cuja intenção clara era testar a coragem do jovem presidente John F. Kennedy.

Kennedy sabia que se mostrasse fraqueza e hesitação, os soviéticos sentiriam-se livres para fazer estragos no mundo todo. Assim sendo, manteve-se firme. Ordenou aos soviéticos que removessem os mísseis. Em uma confrontação extremamente tensa que se seguiu, Kennedy abordou o assunto com o povo americano, pela televisão, em rede nacional. Projetou uma imagem de calma e de resolução invencível que ajudou a acabar com o enorme estado de pânico que assolava a nação. Essa imagem também ajudou a convencer os soviéticos de que estava falando sério, o que os fez, finalmente, recuar e retirar as bases de mísseis.

Em particular, Kennedy e seus conselheiros mais próximos estavam apavorados com o risco de ter encarado os soviéticos frente a frente. Ele sabia muito bem que suas decisões poderiam lançar o mundo em um pesadelo nuclear. Mas também tinha confiança de que estava tomando a decisão certa. Graças a essa confiança, manteve-se determinado a levar a situação a cabo e ser bem-sucedido.

Qualquer pessoa que já tenha ocupado uma posição de liderança, desde a de capitão do time de futebol da escola até a de CEO de uma empresa, aprende como projetar calma, força e confiança, particularmente em situações estressantes e em momentos de crise. Um líder bem-sucedido está o tempo todo de olho no prêmio e, por meio de seu exemplo, mantém sua equipe (funcionários, colegas, cidadãos etc.) focada no objetivo maior. Parece mais calmo e concentrado exatamente naqueles momentos em que todos à sua volta estão a ponto de entrar em pânico. Internamente, sente o mesmo estresse que seus subordinados — provavelmente, ainda maior, afinal de contas é o responsável por conduzir todos pela situação. Mas não deixa isso transparecer. Ao projetar força e otimismo, passa inspiração e faz com que os que o rodeiam sintam o mesmo.

Nos primeiros estágios da StarMedia, quando convivíamos o tempo todo com a possibilidade de ficar completamente sem dinheiro, período em que eu viajava muito por todo o país para tentar convencer investidores a seguir minha nova visão, eu fazia questão de estar presente no escritório sempre que possível. Passava pela mesa de cada um, cumprimentava toda a equipe, sorria, brincava um pouco com todos. Sabia que estavam preocupados com a possibilidade de fracassarmos a qualquer momento. Todos ficavam me observando — minha linguagem corporal, meu estado de humor aparente — e tentando avaliar até que ponto deveriam se preocupar. Eu sabia que *não iríamos* fracassar e fazia de tudo para que percebessem isso. Ao projetar minha convicção em nosso sucesso, não apenas tranqüilizava a equipe, mas também ajudava-a a manter a concentração nas tarefas que tinha em mãos e a não se dispersar em decorrência do medo — o que, no fim, ajudou-nos a garantir nosso sucesso.

É assim que a liderança, o poder do otimismo e o poder da projeção trabalham juntos. São autofortalecedores. *Se você confia em sua visão e projeta essa confiança, irá inspirar os que o cercam fazendo com que, juntos, alcancem seu objetivo comum.*

RESUMO

- Há uma relação psicológica direta e intensa entre a forma como você se apresenta, como se sente em relação a si mesmo e como as pessoas o tratam.

- À medida que prossegue em direção a seu objetivo pessoal, há uma grande probabilidade de ter de "vender-se" aos outros e, também, de "vender" sua visão. A forma como se apresenta e a imagem que projeta podem ser vitais para que seus esforços sejam bem-sucedidos.

- Um líder projeta força. Se você confia em sua visão e projeta essa confiança, inspirará quem o rodeia, fazendo com que, juntos, alcancem seu objetivo comum.

EXERCÍCIO: Que imagem eu projeto?

A imagem que você projeta no mundo pode ser vital para que consiga atingir seus objetivos. Quando conhece novas pessoas que possam vir a ajudá-lo ou prejudicá-lo, a primeira impressão faz toda a diferença. Alguns estudos de caráter psicológico sugerem que, nos primeiros encontros, a primeira impressão que você passa depende 55% de sua aparência, 38% da forma como se expressa e apenas 7% do que realmente diz.

Que imagem você acha que projeta no mundo? De uma pessoa extrovertida ou introvertida? Tranqüila ou tensa? Falante ou quieta? Cuidadosa ou desleixada? Forte, confiante, que se sente à vontade quando conhece outras pessoas? Ou tímida e insegura?

A verdade é que ninguém sabe ao certo que imagem projeta. Pode ser de grande ajuda ter um amigo no qual confiamos que possa atuar como nosso "espelho" e identificar se há discrepâncias entre a imagem que *acreditamos* projetar e a imagem que os outros realmente vêem.

Esse é o objetivo deste exercício. Responda às perguntas a seguir, sendo o mais sincero possível. Em seguida, mostre as respostas a um amigo ou amiga de confiança e peça que diga, honestamente, se as respostas realmente parecem verdadeiras. Se há aspectos de sua imagem que podem ser trabalhados — suas roupas, postura, a forma como dá um aperto de mão, seus modos e assim por diante —, este exercício pode ajudá-lo a identificá-los.

1. De maneira geral, minhas roupas são:
    Bem cuidadas   Desleixadas

2. Geralmente, me visto de uma forma:
    Conservadora   Informal   Provocante   Exibida

3. Meu cabelo, rosto e pele costumam ser:
    Bem cuidados   Normais   Descuidados

4. De maneira geral, minha postura é:
   Firme   Descontraída   Desleixada

5. Verdadeiro ou falso: Pareço confiante e fico à vontade entre estranhos.

6. Verdadeiro ou falso: Meu aperto de mão é firme, confiante.

7. Verdadeiro ou falso: Ao conversar, olho as pessoas nos olhos.

8. Verdadeiro ou falso: Geralmente me expresso de maneira clara e direta.

9. Tenho tendência a me expressar de maneira:
   Formal
   Descontraída, mas correta
   Vulgar, usando muitas gírias

10. Quando estou nervoso ou encontro uma pessoa pela primeira vez, às vezes tenho propensão a (escolha as opções que se aplicam a você):
    Gaguejar
    Murmurar
    Falar rápido demais
    Nenhuma das alternativas

11. Quando estou nervoso ou encontro uma pessoa pela primeira vez, às vezes tenho propensão a (escolha as opções que se aplicam a você):
    Roer as unhas
    Tamborilar
    Esconder o rosto com as mãos ou cabelo
    Curvar os ombros

Bater o pé
Rir muito alto
Nenhuma das alternativas

12. Quando em um grupo, geralmente sou:
    Expansivo e participativo   Tímido e retraído

13. Quando em um grupo, tenho propensão a:
    Ocupar uma posição de liderança   Ser mais um na multidão

14. Quando em um grupo, geralmente sou:
    Autoritário e exigente   Cooperativo e comprometido

15. Verdadeiro ou falso: Sou bom em me concentrar na outra pessoa e fazer com que ela sinta que a estou ouvindo e me importando com o que está dizendo.

16. Verdadeiro ou falso: Tenho tendência a interromper os outros.

17. De maneira geral, pareço:
    Educado e cortês   Bruto e grosseiro

18. De maneira geral, pareço:
    Amigável e aberto a aproximações   Frio e distante

19. Verdadeiro ou falso: Tenho bons modos à mesa.

7

SÉTIMO PRINCÍPIO

Seja persistente

A aviação é a prova de que, com vontade, temos a capacidade de alcançar o impossível.

— EDDIE RICKENBACKER

O VÔO DOS WRIGHT

Em minha vida profissional, acumulei milhões de milhas em programas de fidelidade de companhias aéreas. Quando viajava pela AT&T por toda a América Latina, muitas vezes passava mais tempo no ar que em terra. Já perdi a conta de quantas vezes cruzei os Estados Unidos de norte a sul, de leste a oeste.

Para muitos de nós, voar tornou-se uma atividade tão rotineira, até mesmo maçante, que nem nos lembramos de que as viagens aéreas tornaram-se um meio de transporte comum há apenas algumas décadas, e que foi há pouco mais de um século, em 17 de dezembro de 1903, que os irmãos Wright realizaram o primeiro vôo controlado pelo homem em uma aeronave motorizada. O que fizeram naquele dia, segundo o fundador da Microsoft, Bill Gates, foi o maior salto tecnológico da humanidade desde a invenção da escrita.

O homem já sonhava em voar milhares de anos antes de 1903. A primeira tentativa de vôo de que se tem notícia foi em 850 a.C., cerca de três mil anos atrás. Um homem amarrou um par de asas em seus braços e pulou do templo de Apolo. Espatifou-se no chão e morreu. (Acreditava-se que a carruagem de Apolo, antigo deus grego, puxava o Sol pelo céu. A NASA batizou os primeiros vôos tripulados à Lua de programa Apolo.)

Desde então, as tentativas do homem de voar foram uma seqüência ininterrupta de fracassos e desastres até 1783, quando um francês, Montgolfier, realizou o primeiro vôo tripulado em um balão de ar quente. Durante 2.500 anos, os homens tentaram se dar asas e sempre morreram. Algumas das mais brilhantes mentes da história da ciência, como Leonardo da Vinci, eram obcecadas pelo desafio de inventar máquinas voadoras. Outros eram inventores excêntricos, sonhadores, amadores que construíam asas de madeira, tecido e penas, subiam ao topo de uma montanha ou no telhado de um celeiro e saltavam em direção ao desconhecido. Durante milhares de anos, espatifaram-se repetidamente, muitas vezes de forma fatal.

Ainda assim, as pessoas não desistiam. O sonho de voar era tão irresistivelmente atraente que os homens continuavam a se amarrar a asas de confecção caseira e pular de lugares altos, apesar das centenas de tentativas malsucedidas anteriores. Persistiam também a despeito das zombarias, da desaprovação e até mesmo da condenação religiosa da sociedade. Voar sempre foi considerado algo impossível e qualquer um que imaginasse poder fazê-lo era considerado louco. Na Idade Média, os cristãos chegavam realmente a acreditar que tentar voar era coisa do demônio. "Se Deus quisesse que o homem voasse", diz o provérbio, "teria lhe dado asas." Durante muito tempo, os cristãos acreditaram piamente nisso. O céu era território de demônios e diabos; qualquer um que tentasse se juntar a eles lá em cima só poderia ser um herege.

Mas os sonhadores persistiram. No final do século XVIII, os balões de ar quente deram a eles a primeira amostra do que seria flutuar acima das copas das árvores e das torres das igrejas. Na virada do século XX, os irmãos Wright voaram no primeiro planador projetado para uso prático. Acrescentaram, então, um motor movido a gás e controles, criando o primeiro aeroplano do mundo. Em apenas dez anos, o céu parecia tomado por pequenos aviões de madeira e lona. A Primeira Guerra Mundial (1914-1918) foi a primeira guerra da história da humanidade a ser travada tanto no céu quanto na terra, e os feitos heróicos de "ases voadores" como Eddie Rickenbacker e o barão von Richthofen ("o Barão Vermelho") são legendários. A aviação comercial surgiu e se desenvolveu nas décadas de 1920 e 1930. A partir dos anos 1960, as viagens aéreas tornaram-se tão acessíveis, tão prontamente disponíveis, que as pessoas deixaram de dar valor a elas. Os céus não são mais território de demônios voadores, nem de ases voadores. Centenas de milhares de pessoas voam pelo mundo todo.

Mas estaríamos todos ainda presos ao chão se aqueles sonhadores, inventores, malucos e hereges não tivessem persistido através dos séculos no salto rumo ao desconhecido, ignorando os imensos riscos, ignorando a crença disseminada de que voar era impossível.

Quando você embarca em seu próprio vôo, em seu próprio salto em direção ao desconhecido, certamente haverá céticos e pessoas com espírito de negação sistemática que dirão que seu objetivo é também impossível. Dirão que você é louco, um sonhador, e que não tem a capacidade ou o talento necessário para alcançar seu sonho. Você duvidará de si mesmo. Viverá reveses e amargas decepções. Enfrentará obstáculos que parecerão intransponíveis.

Pessoas bem-sucedidas são aquelas que persistem diante de todo negativismo. Elas atingem o "impossível".

NA MONTANHA-RUSSA

Qualquer pessoa que já tenha iniciado um negócio próprio lhe dirá que é como uma montanha-russa. Se fizer um gráfico de crescimento de qualquer novo empreendimento, seja uma mercearia de esquina ou um conglomerado global formado pela fusão da AOL com a Time Warner, você raramente terá uma linha reta, ascendente. Na maioria dos casos, esse gráfico será mais parecido com a cadeia de montanhas do Himalaia, uma sucessão recortada de altos picos e vales profundos. Mesmo para aquele conglomerado gigante, os altos e baixos serão diários. Um dia você estoura um champanhe para comemorar a fusão. Na manhã seguinte, está prestes a se enforcar, pois suas ações despencaram em Wall Street.

Quando der início a seu empreendimento pessoal, qualquer que seja — encontrar sua alma gêmea, abrir um restaurante, tornar-se documentarista —, posso quase garantir que seu caminho não será reto nem plano. Haverá picos de alegria e buracos de desespero. Você encontra sua alma gêmea em um evento em sua igreja à noite; no dia seguinte, ela é transferida para um escritório em Taiwan. Esta semana, você abre seu restaurante para um grande público e é elogiado pela crítica especializada; na semana seguinte, toda sua clientela sai de férias e o salão fica vazio todas as noites.

Para sobreviver aos altos e baixos, é preciso *persistência* e a plena confiança de que, se você traçou um rumo em direção ao objetivo certo, cedo ou tarde o alcançará. Na StarMedia, enfrentávamos diariamente mudanças bruscas que iam desde sucessos estrondosos até o que parecia o fracasso total. Logo no início, aprendi a não permitir que dias bons e ruins me jogassem de um lado para o outro. Minhas emoções não oscilavam com as mudanças diárias. Sabia qual era nosso objetivo e, toda sexta-feira, avaliava a semana em relação a quanto nos aproximávamos ou nos afastávamos dele. Onde estávamos na segunda-feira e onde estamos hoje?

Havia um colega na StarMedia que, naqueles turbulentos meses iniciais, simplesmente não conseguia pensar assim. Reagia a cada dia bom com entusiasmo exagerado e, a cada baixa no percurso, mergulhava no mais profundo desespero. Pelo menos duas vezes por semana sofria um pequeno colapso. O meu desafio, já que gostava dele e o respeitava, era não deixar que seus ataques de medo e depressão me contaminassem.

Ao buscar seu objetivo, você deve manter-se concentrado no futuro que visualizou, no futuro que está criando a cada dia para si mesmo, até no pior dos dias. É preciso fazer com que o poder do otimismo trabalhe a seu favor, especialmente nos dias ruins.

NÃO HÁ DESCULPAS, APENAS DESAFIOS

O importante é simplesmente não desistir.

— STEPHEN J. HAWKING

A vida apresenta desafios a todos. Todo caminho é repleto de obstáculos. Todo gráfico de crescimento é marcado por picos e depressões. Só você pode criar empecilhos que o impeçam de alcançar seu Graal. E você nunca encontrará felicidade nem sucesso se permitir que os obstáculos e desafios se transformem em *desculpas para o fracasso* — ou, pior ainda, em desculpas para nem mesmo tentar.

Infelizmente, muitas pessoas fazem isso. Resolvem que tudo está contra elas desde o início por causa de sua raça ou etnia, porque ganham salário mínimo, porque são mulheres, porque estudaram só até a quarta série, porque são deficientes auditivos. As pessoas dão diversas desculpas por não conseguirem viver sua potencialidade máxima. Mas são só desculpas. Sim, o preconceito racial, social e sexual realmente existe. Muitos partem de situações bastante desfavoráveis. Mas você nunca ouve pessoas bem-sucedidas falando de suas dificuldades como desculpas e, sim, como desafios que tiveram de vencer em seu caminho para o sucesso.

Eu mesmo enfrentei obstáculos. Vim para os Estados Unidos sem dinheiro e sem falar uma única palavra em inglês. Além da pobreza, sofri forte preconceito étnico que se revelava, na escola e em outros lugares, como uma faceta contínua e constante em meu crescimento. Era ridicularizado como "latino gordo". Durante três anos, meu professor de educação física do colégio se recusou a pronunciar meu nome.

Chamava-me apenas pelo apelido de Spijetus. Era sua versão para Espuelas: Spijetus. Mesmo assim, apesar de ser pobre, apesar de zombarem de mim por causa de minha etnia, nunca me vi como "vítima" ou como uma pessoa "desfavorecida". Tudo isso apenas fez com que me esforçasse mais para vencer. Posso até entender que pessoas que cresçam nesse tipo de ambiente sintam que isso é uma marca, um estigma indelével. Sei o quanto é difícil romper essa barreira. *Mas você não pode deixar que o preconceito dos outros seja um fator limitante em sua vida.* Você precisa contornar a situação e transformá-la em fonte de força, e não de fraqueza. É esse seu desafio na vida e não há como progredir sem desafios.

Não importa o quanto você se sinta "desfavorecido", não importa que os obstáculos em seu caminho lhe pareçam gigantescos. Há pessoas que lutaram muito mais do que você jamais terá de lutar, que carregaram fardos tão pesados ou ainda mais pesados que o seu, e que não permitiram que nada disso se transformasse em desculpa para o fracasso.

Conheci recentemente a família Garcia em Venice Beach, na Califórnia. Rogelio Garcia veio para os Estados Unidos de Oaxaca, no México, no final da década de 1970, sem um centavo no bolso. Ele e Yolanda, casados há mais de 20 anos, trabalhavam incansavelmente para ser os melhores pais e garantir a melhor educação possível para seus três filhos. Yolanda trabalhava em fábricas e também como faxineira. Rogelio lavava pratos e cortava carnes.

Em 1988, Rogelio Garcia foi demitido. Como não conseguiu arrumar outro emprego, passou a se dedicar ao que muitos considerariam o trabalho mais baixo e menos digno que se possa imaginar. Desde então, ele e Yolanda ganham a vida com dificuldade retirando latinhas, garrafas e plásticos recicláveis de latas e depósitos de lixo. Eles trabalham 14 horas por dia, sete dias por semana, 365 dias por ano, e ganham cerca de 1.250 dólares por mês.

Os Garcia vivem em um pequeno apartamento cujo aluguel é 500 dólares. Eles têm de recolher cerca de 16 mil latas por mês só para isso.

Ainda assim, todo mês, durante anos, enviaram 400 dólares — um terço de sua renda — para seus dois filhos na faculdade.

Sim, apesar de serem "catadores de lixo", apesar de ganharem muito menos do que o que se considera o nível de pobreza nos Estados Unidos, os Garcia levaram seus filhos à universidade. "Para mim, isso não é nenhum sacrifício", disse-me Yolanda. "É minha obrigação."

Em 2002, Rogelio Jr. graduou-se no MIT como engenheiro aeroespacial. Sua irmã Adrianne está se formando em marketing pela Universidade da Califórnia, Riverside. A caçula Angel acaba de ingressar na faculdade, e Rogelio Jr. ajudará a pagar seus estudos.

A vida de Rogelio e de Yolanda Garcia não é, obviamente, um conto de fadas. É uma vida de pobreza esmagadora e de trabalho incessante, extenuante. Mesmo assim, apesar de todas as dificuldades, estão conseguindo alcançar seu objetivo de colocar os filhos na faculdade e garantir-lhes uma vida melhor. Como pais, são um verdadeiro sucesso. "Nada é impossível", diz Yolanda. "Você *consegue*."

Stephen J. Hawking é mundialmente considerado o físico mais brilhante desde Albert Einstein. Seu trabalho sobre os buracos negros e sobre a teoria do bigue-bangue a respeito do nascimento do universo representa um grande salto adiante em nosso entendimento do cosmos. É também considerado o mais ilustre físico da atualidade não apenas pela comunidade científica, mas também pela cultura popular — seu livro *Uma breve história do tempo* (Rocco, 2000) foi um sucesso estrondoso de vendas ("Vendi mais livros sobre física do que a Madonna vendeu sobre sexo", brinca ele) e ainda fez uma participação especial no filme *Jornada nas Estrelas — A Nova Geração*. Para alcançar tudo isso, teve de vencer um enorme desafio físico.

Nascido em Oxford, na Inglaterra, em 1942, Hawking não se destacou no meio acadêmico em seus primeiros anos na escola. Era mais conhecido por ser desajeitado e por ter língua presa, ridicularizado pelos outros alunos. Como estudante de física na Universidade de Oxford, sobressaiu mais por sua compreensão intuitiva da teoria do que por sua aplicação aos estudos. Graduou-se com um histórico escolar regular.

Em 1962, em seu último ano em Oxford, aos 20 anos de idade, Hawking percebeu que estava ficando cada vez mais "desajeitado". Era o primeiro sinal de que sofria da doença de Lou Gehrig (esclerose lateral amiotrófica), uma doença incurável e quase sempre fatal que atinge o sistema nervoso e tira do indivíduo todo o controle muscular. A mente não é afetada e não há dor física, mas o corpo fica inteiramente paralisado e vai se consumindo. A expectativa era de que Hawking não vivesse o suficiente para completar sua pós-graduação.

No entanto, está vivo até hoje, é pai de três filhos e revolucionou o estudo da física. Nos primeiros anos de combate à doença, que gradualmente reduziu-o a uma figura definhada e sem movimentos em uma cadeira de rodas, lutou contra a depressão e o desespero para expor uma visão estarrecedora de cosmologia teórica, recebeu seu Ph.D. com as mais altas distinções e casou-se com a mulher que amava. Tornou-se um ilustre professor na Universidade de Cambridge, ocupando o cargo previamente pertencente a *sir* Isaac Newton, e passou a se revelar uma das mentes mais originais e influentes de sua geração.

Quando perdeu a capacidade de falar, inicialmente comunicava-se com os outros por meio de um processo incrivelmente trabalhoso: mostravam a ele um quadro com o alfabeto e apontavam letra por letra até que, com um movimento da sobrancelha — uma das poucas partes de seu corpo que ainda podia controlar —, ele indicava cada letra correta. Dessa forma, "falava" uma letra por vez, construindo cuidadosamente cada palavra, cada sentença. Atualmente, utiliza um sintetizador de voz computadorizado.

Hoje, na casa dos 60, Hawking superou em muito as expectativas dos médicos e garantiu seu lugar ao lado de Einstein, Newton e Galileu como uma das mentes mais brilhantes da história da ciência.

Winston Churchill fez um dos mais inspirados discursos da história apesar de um problema de fala — ou talvez graças a ele. Como jovem membro do Parlamento, seu constrangimento por causa da língua presa não calou sua voz. Quando chegou sua vez de se dirigir àquela distinta platéia, falou em tom baixo, quase ininteligível, perdeu a linha de raciocínio e encerrou sua fala abruptamente, cobrindo, envergonhado, o rosto com as mãos. Ele chegou a experimentar aparelhos dentários que, de alguma forma, corrigissem seu problema, mas era tão dolorido e frustrante que ele ficou conhecido por arremessá-los do outro lado da sala, tamanha a raiva que sentia.

Com o desenrolar de sua carreira, Churchill aprendeu a fazer com que o problema da fala trabalhasse a seu favor, e não contra. Sua maneira peculiar de falar tornou-se sua marca registrada. As pessoas o respeitavam ainda mais e talvez o ouvissem com muito mais atenção por causa de seu defeito.

Franklin Roosevelt e John F. Kennedy superaram sérias enfermidades antes de entrarem para a história dos Estados Unidos como dois de seus melhores presidentes. Roosevelt contraiu poliomielite na juventude. Suas pernas ficaram permanentemente paralisadas e ele ficou confinado a uma cadeira de rodas para o resto da vida. Em vez de deixar-se abater, ele não apenas seguiu uma brilhante carreira política, como foi uma força decisiva na pesquisa que erradicou a pólio no país. JFK tornou-se uma das figuras mais amadas e inspiradoras da história apesar de uma vida marcada por dores agonizantes, incluindo problemas crônicos nas costas que desafiavam intervenções cirúrgicas torturantes, extenuantes cólicas intestinais causadas por diversas alergias a alimentos e uma doença que pode ser fatal chamada mal de Addison, uma rara disfunção que provoca extrema fraqueza e fadiga.

Em sua vida, há algum obstáculo, fardo ou desvantagem maior do que os que esses líderes tiveram de superar?

Pessoas de ascendência afro-americana, latina ou asiática freqüentemente citam o racismo como um obstáculo intransponível nos Estados Unidos. Acredite em mim, conheço por experiência própria os efeitos maléficos do racismo. Mas olhe em volta, veja todas as pessoas de grupos historicamente "desfavorecidos" que venceram apesar desses desafios.

Em 1950, Tom Fleming era um jovem afro-americano da região central de Detroit. Tendo largado os estudos e sido criado pela avó depois que seus pais o abandonaram, não sabia ler nem escrever. Esse tipo de conhecimento não era de grande valia entre as gangues com que circulava pelas ruas. Aos 17 anos, tinha todos os argumentos para usar as questões de raça, pobreza, vida familiar conturbada e falta de escolaridade como desculpa para nunca fazer algo de sua vida.

Em 1992, esse mesmo Thomas A. Fleming foi à Casa Branca receber do presidente dos Estados Unidos o Prêmio Nacional Professor do Ano. Havia sido escolhido entre mais de 2,5 milhões de professores de todo o país por seu trabalho exemplar como docente e como exemplo para jovens problemáticos de um centro de detenção juvenil em Michigan. "Ninguém mais quer se aproximar dessas crianças", disse um professor, colega de Fleming. "Elas foram endurecendo tanto com o passar dos anos, que não há como chegar até elas. Mas Tom chega."

Fleming se recusou a deixar que o início absurdamente desfavorável de sua vida o impedisse de alcançar o sucesso. Ele entrou para a Guarda Nacional para aprender disciplina. Conquistou seu diploma de equivalência do ensino médio em uma escola noturna enquanto, paralelamente, se tornava pastor da Igreja Batista, tendo se especializado nos jovens de ruas de Detroit. Após receber o título de mestre em educação especial, concentrou-se em oferecer educação e aconselhamento a jovens em instituições psiquiátricas e centros de detenção.

Algumas mulheres se deparam com formas de sexismo que as mantêm afastadas do sucesso. Especialmente no mundo dos negócios, é muito mais difícil para uma mulher alcançar seus objetivos, por mais talentosa e concentrada que seja. Mas essa área de atuação tem se tornado mais equilibrada a cada dia. Em 2003, os cargos de diretor, CEO e presidente de empresas como Hewlett-Packard, AT&T, Xerox, PepsiCo, Chevron-Texaco, Lucent, Avon, Kraft Foods, Ogilvy & Mather, Universal Pictures, Time Inc. e de uma série de outras grandes companhias eram ocupados por mulheres. (A maioria dos altos executivos da StarMedia eram mulheres.)

Olhe para todas as mulheres e negros que vivem uma vida cheia de realizações. Não apenas os consagrados empreendedores, atletas, artistas, políticos e líderes empresariais, mas professores, poetas, médicos, advogados, pequenos empresários e pais amorosos, que souberam conduzir bem a tarefa — mulheres e minorias bem-sucedidas em todos os níveis da vida, bem perto de você. Por todo o país, pessoas provam a cada dia que não se trata de bloqueios insuperáveis, mas meros desafios a serem superados.

Lembre-se da imagem da montanha. *Ninguém vive uma vida plena sem ter de escalar algumas montanhas.* Esse desafio é diferente para cada um de nós. Pode ser algo devastador como o racismo ou desastroso como incertezas pessoais. A vida sem montanhas para escalar seria um tédio terrível. Percorrer toda sua vida em um caminho reto, plano, sem obstáculos nem desafios, é uma forma de morte em vida. Abraçar a luta, qualquer que seja, faz parte de sua missão. Faz parte de sua jornada.

Ousar é perder o equilíbrio momentaneamente. Não ousar é se perder.

— SOREN KIERKEGAARD

RESUMO

- Pessoas bem-sucedidas são aquelas que persistem diante de todo negativismo. Elas atingem o "impossível".

- Ao buscar seus objetivos, mantenha-se concentrado no futuro que visualizou, no futuro que está criando a cada dia para si mesmo, até no pior dos dias. É preciso fazer com que o *poder do otimismo* trabalhe a seu favor, especialmente nos dias ruins.

- Na vida, não há desculpas, somente desafios. Todo caminho é repleto de obstáculos. Mas apenas você pode criar empecilhos que o impeçam de alcançar seus objetivos. Não deixe que o preconceito dos outros seja um fator limitante em sua vida. Você nunca encontrará felicidade nem sucesso se permitir que os obstáculos e desafios se transformem em desculpas para o fracasso.

- Ninguém vive uma vida plena sem ter de escalar algumas montanhas. A vida sem montanhas para escalar seria um tédio terrível. Percorrer toda sua vida em um caminho reto, plano, sem obstáculos nem desafios, é uma forma de morte em vida. Abraçar a luta, qualquer que seja, faz parte de sua missão. Faz parte de sua jornada.

EXERCÍCIO: Qual é minha desculpa?

A menos que você tenha nascido em uma família rica e poderosa e tenha crescido com beleza, talento e excepcional inteligência, é absurdamente fácil lançar mão de desculpas para não tentar alcançar o sucesso e a felicidade. As pessoas que se conformam com a infelicidade e que nem mesmo querem tentar ser bem-sucedidas usam todas as desculpas imagináveis. "Não nasci neste país", "Tive uma péssima educação", "Sou latino", "Sou mulher", "Tenho problemas físicos". E assim por diante.

São verdadeiros desafios. Mas *não* são obstáculos intransponíveis para o sucesso pessoal e a felicidade. *Não* são desculpas para o fracasso.

Aqui está um outro tipo de desafio:

Escreva abaixo as características de sua personalidade que você acredita que o impedem de ser feliz e bem-sucedido — sua etnia, sexo, escolaridade, o que for.

1. Sinto que nunca serei feliz ou bem-sucedido porque...

2. Agora, prove que você está errado. Garanto que, para qualquer coisa que tenha escrito, pode encontrar pelo menos um exemplo de alguém que tenha sido bem-sucedido *apesar* desse desafio. Este livro oferece vários exemplos — o cientista com sérios problemas físicos, o professor afro-americano do ano, a presidente da empresa, o imigrante miserável que se tornou milionário, entre muitos outros.

    Mas não se atenha apenas às minhas palavras. Faça sua própria pesquisa. Mergulhe na história e em biografias. Dê uma lida nos jornais. Observe sua comunidade. Garanto que encontrará exemplos de pessoas que superaram qualquer coisa que você possa considerar um obstáculo intransponível em sua vida. A única diferença entre as pessoas bem-sucedidas e as pessoas que se submeteram ao fracasso é que aquelas enfrentaram os desafios e não deixaram que nada as limitasse.

8

OITAVO PRINCÍPIO

Seja corajoso

Somente os que ousam cometer grandes erros conseguem realizar grandes feitos.

— Robert Kennedy

Em seu caminho para o sucesso, é inevitável que você se depare com momentos de crise, ansiedade e incertezas. Toda pessoa bem-sucedida já enfrentou o medo do desconhecido, de assumir grandes riscos, de um possível fracasso. Winston Churchill, apesar de todas as suas realizações, sofria de depressão aguda. Deu até um nome a ela: "o Cão Negro".

Churchill foi um dos maiores estadistas do século XX. Como primeiro-ministro da Grã-Bretanha durante a Segunda Guerra Mundial, foi responsável, mais do que qualquer outro, por salvar a Europa da dominação nazista. Ao longo de sua vida, inspirou milhões de pessoas a realizarem grandes atos de coragem. Como herói, continua a influenciar muita gente, inclusive eu.

Alcançou a grandiosidade apesar de ter sido acometido a vida inteira por intensos ataques de depressão, medo e dúvidas que, muitas vezes, impediam que saísse da cama por dias a fio. Psicólogos acreditam que sua tendência a variações negativas de humor teve início quando ainda era criança, podendo até mesmo ter origem genética. Seu pai e muitos de seus ancestrais do sexo masculino sofriam de depressão profunda e doenças mentais. Na juventude, Churchill foi atormentado pelo pavor de que ele também fosse propenso à insanidade.

Com essa tendência à melancolia, Churchill não estava preparado para resistir a reveses em sua carreira. Como primeiro lorde da Administração Naval durante a Primeira Guerra Mundial, conduziu as Forças Armadas britânicas a uma derrota desastrosa contra as potências centrais em Galípoli, uma batalha que quase pôs fim à sua carreira política. Sua dedicada esposa diria mais tarde que sua depressão era tão esmagadora que achou "que ele morreria de desgosto". Levou uma década para que se recuperasse e seguisse adiante para se tornar, mais uma vez, um dos maiores líderes políticos da Grã-Bretanha.

Acredito que Churchill tenha conseguido superar todos os seus medos, incertezas e deficiências por ter se dedicado 100 por cento ao bem maior da Grã-Bretanha e à salvação da civilização ocidental. Apesar dos constantes ataques do Cão Negro, Churchill tinha uma crença inabalável de que havia sido escolhido para levar o povo britânico à vitória. Ao se concentrar nesse objetivo, foi capaz de perseverar e triunfar.

Abraham Lincoln lutou toda a sua vida contra a depressão, acessos de ansiedade e pesadelos aterrorizantes. Nos anos que antecederam sua passagem pela Presidência dos Estados Unidos, seus ataques de melancolia podiam ser tão graves que seus amigos o mantinham sob constante observação para evitar um possível suicídio. Como Churchill, conseguiu finalmente superar essa tendência dedicando-se, apaixonadamente, a seu objetivo maior, nada menos que proteger os Estados Unidos durante a Guerra Civil.

Sir Isaac Newton é reverenciado como uma das mais importantes mentes da ciência na história da humanidade. Revolucionou completamente nosso entendimento do universo por meio de seu genial trabalho sobre a gravidade, o movimento dos planetas e as propriedades da luz, e inaugurou um ramo totalmente novo da matemática, o cálculo. E também foi atormentado toda a vida por um medo e uma melancolia tão cruéis que muitos simplesmente imaginavam que fosse louco. Sofria terrivelmente com insônia, hipocondria e anorexia. Era tão paranóico que hesitou durante muitos anos antes de revelar ao mundo algumas de suas descobertas científicas mais significativas. Mesmo assim, como Churchill e Lincoln, ao se dedicar a um propósito maior, um objetivo que encobrisse seus próprios problemas, realizou avanços científicos que alteraram o curso da história da humanidade.

Foram tantas as mentes ilustres e criativas torturadas por períodos de depressão, psicose maníaco-depressiva e dúvidas esmagadoras que todo um ramo da psicologia se dedica a estudar as possíveis relações entre criatividade e depressão. Beethoven, Van Gogh, Edgar Allan Poe, Lev Tolstói, Charles Dickens e Sylvia Plath são apenas alguns dos gênios artísticos que viveram fases de desânimo e desesperança. (Van Gogh e Sylvia Plath ficaram tragicamente conhecidos por terem perdido essa batalha e se suicidado.) Mais recentemente, a lista de indivíduos extremamente bem-sucedidos que tiveram de superar acessos debilitantes de melancolia e ansiedade inclui Ted Turner, que de certa forma inventou a tevê a cabo que conhecemos hoje, a comediante Roseanne Barr, o mergulhador olímpico Greg Louganis, Tipper Gore e as estrelas da música *pop* Sheryl Crow, Alanis Morissette e, é claro, Kurt Cobain (outro talentoso artista que, infelizmente, também perdeu a batalha e suicidou-se).

Não estou citando todos esses exemplos para levar você, também, a um estado de depressão. Estou apenas mostrando que, quando você duvida de si mesmo, quando tem medo de dar o próximo passo em direção a seu objetivo, quando um contratempo em sua jornada temporariamente o convence de que lhe falta o que é preciso para vencer, deve lembrar-se de que está em ótima companhia. *Todos conhecemos o medo. Todos nós, às vezes, duvidamos de nosso talento e de nossa visão. As pessoas bem-sucedidas encontram uma maneira de contornar essas incertezas e perseverar.*

Persistência, coragem, fé em si mesmo, determinação implacável: são todas características comuns a pessoas bem-sucedidas. Mas, como nos exemplos citados e em inúmeros outros, não são traços de personalidade que as pessoas bem-sucedidas tiveram a sorte de trazer desde o nascimento. São *ferramentas psicológicas que aprendem a usar*, muitas vezes com grande dificuldade. As pessoas bem-sucedidas estão tão propensas quanto você a sentir medo ou ter incertezas — talvez até mais. Assim como elas, é preciso ter a coragem de dar o salto no escuro, de mover-se adiante rumo ao desconhecido. Como disse Churchill, "quando estiver passando por um inferno, siga em frente". Ele domou o Cão Negro e tornou-se seu mestre.

NÃO DEIXE QUE O MEDO O IMPEÇA DE SEGUIR ADIANTE

> *A coragem é a supremacia sobre o medo, não a ausência dele.*
>
> — Mark Twain

Se fizer uma pesquisa na Internet por "medo dominador", você encontrará dúzias de livros, fitas cassete, programas de cursos e até números de telefone oferecendo ajuda a pessoas que queiram aprender a lidar com seus medos e fobias. O medo é, claramente, um dos maiores impedimentos para que as pessoas busquem sua auto-realização. Medo do fracasso, medo de desviar-se de uma vida já estabelecida, medo de seguir sozinho.

O medo pode ser *o* inibidor da auto-realização. Mas *você não pode eliminar o medo. Pode apenas canalizá-lo.*

Em primeiro lugar, é preciso entender que o medo é uma resposta saudável. Ele existe em nosso sistema nervoso para nos proteger dos perigos. Quando nos deparamos com algum perigo — real ou imaginário, não importa —, nosso corpo libera diversos hormônios que detonam mecanismos de defesa. Nosso nível de adrenalina sobe e nossos batimento cardíaco e respiração aceleram. É a chamada reação de "luta ou fuga". Nosso corpo está se preparando para enfrentar o perigo ou fugir dele.

Todas as criaturas reagem da mesma forma em situações de perigo: automaticamente lutam ou fogem. Quando você levanta sua mão para espantar uma mosca, ela voa para longe. A mosca desconhece o medo — moscas não têm emoções. Evitar o perigo é algo intrínseco a seu sistema nervoso. O mesmo comportamento protetor é intrínseco a todas as formas superiores de vida. Nos humanos, ajuda a evitar que façam coisas perigosas. Ninguém considera covardia se não nos jogarmos na frente de um ônibus, colocarmos o dedo na tomada ou passearmos em um jardim onde esteja solto um *pitbull* furioso.

Portanto, não estou defendendo que se deva ignorar o medo e seguir adiante apesar dele. Você tem de lidar com seu medo. Pense nele como uma espécie de arte marcial mental: você tem de canalizar a energia para algum lugar.

Medo e coragem estão interligados. A coragem é a resposta ao medo, e não um valor absoluto em si mesmo.

Não há como evitar o medo, mas você pode fazer do medo parte da vibração da vida. Você administra seu medo quando anda de montanha-russa porque sabe que a situação está sob controle. Assim, você consegue racionalizar o medo e dizer a si mesmo que nada de ruim acontecerá. A maior parte da vida é como uma montanha-russa — mas não apresenta todos aqueles dispositivos de segurança.

Em batalhas, os soldados vivenciam o medo. É uma resposta natural ao medo e ao horror que os rodeia. *A diferença entre um herói e um covarde não é que o herói não sente medo. É que o herói cumpre suas obrigações apesar do medo. Ele aprende a controlá-lo e a canalizá-lo.* O que as pessoas desprezam nos covardes não é o fato de sentirem medo, mas de deixarem que o medo os impeça de cumprir sua tarefa. É isso que Ernest Hemingway quis dizer com sua famosa frase "A coragem é a graça sob pressão".

O truque não é recusar-se a sentir medo — isso é impossível. É não deixar que o medo o impeça de seguir. Coragem é canalizar o medo para caminhos produtivos. É pegar aquela ansiedade, aquela energia angustiada, e dizer: "*Não* serei tomado por pensamentos negativos. Terei pensamentos positivos. *Seguirei* adiante." É substituir nosso instinto natural de fugir de uma situação que nos causa medo pela reação oposta: em vez de fugir ou correr, seguir em frente.

Você pode treinar a canalização de seus medos. Primeiro, deve entender que o medo faz parte do contexto da existência humana. Sem o medo, não teríamos sobrevivido como espécie. Se nossos mais remotos antepassados tivessem, calma e destemidamente, se aproximado de cada predador que encontrassem, nenhum de nós estaria aqui. Para nossa sorte, eles davam meia-volta e corriam feito loucos.

Mas o ponto principal é que nossos ancestrais não corriam e simplesmente se escondiam cada vez que ouviam os passos de um predador. Se tivessem feito isso, teriam todos morrido de fome, amontoados em suas cavernas, e isso seria o fim da espécie. O homem também se tornou predador. Aprendeu a competir por comida com leões, tigres e ursos. Desenvolveu armas para se defender deles. Nunca perdeu o medo saudável e o respeito pelos predadores, mas aprendeu a sobreviver e prosperar no meio deles.

Você também precisa aprender a analisar o que teme. Há o medo racional que aparece diante de um perigo claro e iminente. Tente se lembrar da mãe solteira, fotógrafa, do Capítulo 2. É assustador ter de criar sozinha uma filha e não ter a menor idéia do que terá para comer à noite ou de como pagará o aluguel do próximo mês. Tinha todo o direito de sentir medo. (A luta de minha mãe para nos alimentar e termos um teto para morar também é um exemplo.)

E há também aquelas coisas que nos amedrontam por representarem ameaças puramente imaginárias. "Se preparar o portfólio com minhas fotos e começar a apresentá-lo a agências, poderão rir de mim." Nós mesmos criamos esse tipo de medo: medo do fracasso, do constrangimento. É bem diferente do medo racional, da preocupação objetiva de não ter dinheiro suficiente para pagar o aluguel do próximo mês.

Meu amigo Kurt tinha pavor de voar. Milhões de pessoas já sentiram esse medo, com maior ou menor intensidade. Era um problema terrível para um vendedor de *software* como ele, que tinha de viajar constantemente para promover seu negócio em escritórios e empresas de todo o país. Cada vez que tinha um vôo marcado, começava a se preocupar com muita antecedência, culminando em um ataque de pânico no dia da viagem. Agarrava-se à poltrona do avião, diante da menor turbulência, do menor ruído. Kurt sabia que seu medo não era racional. Tinha consciência de que, embora um acidente aéreo fosse uma das mais trágicas formas de morrer que se possa imaginar, para a grande maioria das pessoas isso não passa apenas de um *pensamento*. Estatisticamente, você está mais seguro em um vôo transatlântico que em seu próprio banheiro.

Mas não se supera facilmente esse tipo de medo irracional por meio do uso da razão e de estatísticas. Trata-se de um medo associativo, um medo imaginário, e, de fato, esse tipo de medo ou fobia pode ser muito mais difícil de enfrentar do que o medo de um perigo real e iminente. O medo real pode desaparecer a qualquer momento — é até possível fugir daquele *pitbull* rosnando para você. É muito mais difícil fugir do Cão Negro em sua mente. A fobia forma um ciclo infindável em sua imaginação. Esse homem associou o ato de voar com seu medo de voar — toda vez que pensava em voar, invocava o medo. É um círculo vicioso, que se alimenta de si mesmo: você passa a ter medo de seus medos.

Kurt se forçava a voar. Manter-se bem-sucedido nos negócios de certa forma compensava (nem que fosse apenas um pouco) seus medos. Mas muitos de nós deixamos que nossas fobias — medo de falar em público, medo de se encontrar com estranhos, medo de experimentar coisas novas e assim por diante — nos derrotem.

Já discutimos aqui como o medo do fracasso leva algumas pessoas a "travar" em momentos de estresse ou não permite nem mesmo que elas tentem melhorar suas vidas. Ironicamente, há um outro tipo de medo que impede algumas pessoas de seguir adiante: *o medo do sucesso*.

Pode soar estranho, mas é verdade. Se examinar sua própria vida, você encontrará exemplos de momentos em que decidiu não lutar por algo por medo das conseqüências de finalmente conseguir. Talvez você acredite que não mereça ter sucesso e o reconhecimento que isso lhe traria. Não tem confiança em sua capacidade não apenas de alcançar o sucesso, mas também de mantê-lo. Tem medo de que, se abandonar seu cubículo no departamento de marketing da Xerox e abrir sua própria agência de publicidade, seus colegas sentirão inveja e o odiarão. Ou talvez ache que não tem condições de administrar sua própria agência e que encontrará uma forma de perder seu maior cliente e se destruir.

O medo do sucesso pode ser tão debilitante quanto o medo do fracasso. Pode impedir que você lute por uma vida melhor. Pode tornar-se uma profecia que se auto-realiza, motivando um comportamento autodestrutivo que o derruba justamente quando você decide largar seu emprego de gerente, inscrever-se num concurso de novos talentos e fazer o que for preciso para tornar-se comediante. Você pode até se convencer de que prefere deixar sua vida como está e resignar-se a um fracasso silencioso, em família, a alcançar seus objetivos e, depois, correr o risco de perder tudo que realizou e conquistou. Se você cair na armadilha desse tipo de estado de espírito, poderá até acabar estragando a campanha publicitária daquele grande cliente apenas para provar a si mesmo que estava certo o tempo todo em sua baixa auto-estima, pessimismo e negativismo. "Não tenho nada de especial. Não tenho o direito de achar que posso ser um sucesso. Não mereço a felicidade. Mesmo que a alcance, só vou estragá-la e, depois, ficarei pior do que estou agora."

Como as fobias, esses sentimentos de pessimismo e negativismo podem reforçar a si mesmos. Quanto mais estiver convencido de que o mundo é um lugar horrível e que você é um perdedor que não merece nem um pingo de felicidade, mais fácil será resignar-se a seu "destino" e não tentar melhorar sua condição. E se por acaso tentar, o primeiro contratempo ou obstáculo pode convencê-lo de que tinha razão para ser pessimista. "Viu? Eu *sabia* que era um fracassado! O que me levou a pensar que poderia algum dia conseguir alguma coisa?"

Como nas fobias, *é fundamental aqui aprender a mudar esses hábitos mentais e estancar os ciclos de comportamento que reforçam o negativismo.* Em vez de resignar-se ao fracasso, é preciso aprender a se aceitar mais e se *permitir* realizar e aproveitar os frutos de suas realizações. Você *pode* alcançar a felicidade, e você *realmente* merece isso — todo ser humano merece a vida mais feliz e plena de realizações possível. Saiba disso, entenda isso, acredite nisso e pare de criar obstáculos para sua própria felicidade. O sucesso já é suficientemente difícil de se alcançar, e seu caminho será suficientemente repleto de desafios. Não é preciso que você ainda invente outros.

Mao Tse-Tung, que guiou os comunistas chineses a revolta camponesa ao *status* de superpotência, disse que "a mais longa das jornadas tem início com o primeiro passo". Levar a vida dando um passo por vez é uma forma de dominar o medo. Se o caminho para seu objetivo maior parece tomado por inúmeros obstáculos intransponíveis, de forma que todo o processo se torna tão esmagador até mesmo para se tentar, então é preciso desconstruir esses problemas, quebrá-los em partes menores com as quais você consiga lidar. É a desconstrução dos medos, e não a simples negação deles, que faz com que se afastem de nós. Isso pode significar ter de viver no modo "sobrevivência de curto prazo" e concentrar a maior parte de suas energias em pagar o aluguel do próximo mês, mas sempre reservando um pouco de tempo e de energia para dedicar-se a plantar as sementes que um dia brotarão para você.

Colocar seus medos no contexto correto é também uma ferramenta psicológica bastante útil. Você verá que muitas das coisas que teme não são assim tão terríveis. Os psicólogos chamam isso de "enquadramento" do medo. Pergunte a si mesmo qual é a pior coisa que pode lhe acontecer. Tente imaginar a pior catástrofe que poderia se abater sobre você em seu caminho pela floresta em direção a seu Graal. Conclua então que, se você não deixar, com exceção da morte, nada pode realmente impedi-lo de alcançar seu objetivo.

Pode-se tratar alguns medos e fobias de forma direta. Se você tem pavor de falar em público, por exemplo, há cursos de oratória que podem ajudá-lo gradualmente a lidar com esse medo e vencê-lo. Se tem horror a voar, é muito fácil encontrar programas específicos de terapia que o ajudarão a identificar, analisar e lidar com esse medo. E assim por diante.

Hemingway destacou a natureza imaginária de muitos de nossos medos quando escreveu que a covardia "é quase sempre a mera falta de capacidade de fazer com que a imaginação pare de funcionar". O principal ponto que deve ser lembrado sobre essas formas imaginárias de medos e fobias, assim como a ansiedade e o estresse que os acompanham, é que são hábitos mentais. São padrões de comportamento que alimentam a si mesmo ao longo do tempo. O fundamental em muitos dos programas de terapia disponíveis para administrar essas emoções é livrar-se do hábito e aprender a empregar exercícios mentais simples que o ajudarão a fazer isso.

Woody Allen certa vez brincou dizendo que 80 por cento do sucesso era simplesmente estar lá. Quer dizer, *você nunca será bem-sucedido se estiver tão apavorado a ponto de nem tentar.* Theodore Roosevelt expressou-se de maneira mais floreada: "O crédito é do homem que realmente está na arena, aquele cujo rosto está desfigurado pela poeira, pelo suor, pelo sangue; que luta bravamente; que erra e acumula deficiências, uma após outra, porque não há esforço sem erros e imperfeições; mas aquele que realmente luta para realizar feitos, que conhece grandes entusiasmos, grandes devoções, que se entrega a uma causa justa, que, na melhor das hipóteses, conhece no final o triunfo de altas realizações e que, no pior dos casos, se fracassar, ao menos fracassa ousando intensamente, para que seu lugar não seja nunca ao lado daquelas almas frias e tímidas que não conhecem nem a vitória nem a derrota."

Ter coragem para o que quer que a vida traga — isso é a base de tudo.

— Madre Teresa

RESUMO

- Todos conhecemos o medo. Todos nós, às vezes, duvidamos de nosso talento e de nossa visão. As pessoas bem-sucedidas encontram uma maneira de contornar essas incertezas e perseverar.

- Persistência, coragem, fé em si mesmo e determinação implacável não são traços de personalidade que as pessoas bem-sucedidas tiveram a sorte de trazer desde o nascimento. São ferramentas psicológicas que aprendem a usar.

- Você não pode eliminar o medo. Pode apenas canalizá-lo. A diferença entre um herói e um covarde não é que o herói não sente medo. É que o herói cumpre suas obrigações apesar do medo. Ele aprende a controlá-lo e a canalizá-lo.

- Aprenda a mudar os hábitos mentais e estancar os ciclos de comportamento que reforçam o medo e o negativismo.

- Coloque seus medos no contexto correto. Você verá que muitas das coisas que teme não são tão terríveis assim.

- Não deixe que o medo o impeça de seguir adiante. Você nunca será bem-sucedido se estiver tão apavorado a ponto de nem tentar.

EXERCÍCIO: Tenho medo de quê?

O medo é, às vezes, uma resposta racional a um perigo real. Outros medos, também conhecidos como fobias, são respostas irracionais a ameaças imaginárias. A lista de fobias é tão ilimitada quanto a imaginação humana. Algumas delas, como a claustrofobia, o medo de insetos, o medo de altura, são relativamente comuns. Outras são mais raras e podem nos fazer parecer "bobos" — a menos que acabemos partilhando nosso medo. Entre as mais inusitadas fobias já identificadas estão o medo de vento (anemofobia), o medo de vidro (hialofobia), o medo de barba (pogonofobia) e o medo de bonecos (pupafobia).

Como essa lista sugere, sentimos medo não do objeto ou da situação em si, mas de memórias ou emoções que *associamos* a elas. Muitas vezes formamos essas associações negativas na infância e, quando chegamos à fase adulta, elas se tornam hábitos mentais que podem ser difíceis de ser rompidos.

O primeiro passo para lidar com medos irracionais e fobias é identificar (a) o que faz com que sinta medo, (b) por que isso faz com que sinta medo e (c) como você se sente e age ao se deparar com isso. Por exemplo: (a) Tenho um medo irracional de cachorro. (b) Tenho medo de cachorro desde que o *dobermann* de meu vizinho pulou o muro e me assustou quando eu tinha cinco anos. (c) Quando vejo um cachorro, mesmo percebendo claramente que ele não representa nenhum perigo real para mim, sinto necessidade de correr ou atravessar a rua para evitar qualquer proximidade com ele.

Essa consciência não fará seu medo desaparecer como num passe de mágica. Mas poderá, no entanto, ser o catalisador para aprender como romper suas respostas habituais ao que lhe dá medo. Há uma série de ferramentas e técnicas psicológicas para ajudar nesse processo. É possível pesquisar e saber mais sobre elas em bibliotecas, livrarias ou na Internet. Você também pode procurar a ajuda de um profissional para descobrir quais seriam as técnicas mais adequadas a seu caso. Este exercício pretende apenas ser um primeiro passo para identificar e analisar seus medos e a forma como você reage a eles.

1. Tenho um medo irracional dos seguintes objetos ou situações (enumere todos).

2. Olhando para trás, a primeira vez que me lembro de sentir medo de cada objeto ou situação enumerada anteriormente foi...

3. Quando me deparo ou até mesmo imagino me deparar com cada um dos objetos ou situações acima, apresento as seguintes reações físicas (por exemplo, meu coração acelera, minhas mãos suam, sinto que vou desmaiar, ando/corro para o outro lado)...

4. Pensando nas respostas acima, consigo identificar alguma razão implícita pela qual eu teria medo ou evitaria cada objeto ou situação enumerada? O que acho que ganho quando respondo especificamente a esse medo ou fobia? O que perco ao não aprender como me livrar desse hábito?

5. Pensando em minhas respostas, consigo ver como alguns de meus medos irracionais são mais intensos que outros e têm um papel preponderante que inibem ou impedem que eu tenha uma vida mais feliz e realizada. Se tivesse de listar meus medos em ordem, partindo do que acredito que me afeta mais até o que me afeta menos, a lista seria assim...

6. Considerando minha resposta ao item 5, o medo irracional que eu deveria começar a trabalhar *esta semana* é...

7. Meu plano para isso é...

9

NONO PRINCÍPIO

Seja digno

Não há como apurar o caráter de maneira fácil e tranqüila. Somente vivenciando provações e sofrimentos é que a alma pode ser fortalecida; a visão, clareada; a ambição, desejada, e o sucesso, alcançado.

— HELEN KELLER

JULGANDO O CARÁTER

Otelo é uma das maiores e mais trágicas obras de Shakespeare. Aborda a confiança e a honestidade — ou, melhor dizendo, a completa falta de ambas. Otelo é um guerreiro extraordinário, mas tem um enorme defeito: não sabe em quem confiar e em quem não confiar. Quando deixa de promover um de seus subordinados, Iago, este planeja uma vingança. Lança uma campanha traiçoeira de mentiras e armadilhas para minar a confiança que Otelo tem no combatente em quem mais confia e em sua esposa, Desdêmona. De forma completamente enganosa, Iago convence Otelo de que Desdêmona o está traindo. Otelo, que ingenuamente acredita e confia em Iago, assassina Desdêmona em um ataque de ciúmes. Em seguida, quando a conspiração de Iago vem à tona e Otelo percebe a magnitude de seu erro, suicida-se.

Talvez Otelo seja o personagem da literatura dramática que menos saiba julgar o caráter do outro. Iago é um mentiroso esperto e persistente, mas Shakespeare dá a Otelo várias chances de parar, refletir e perceber que está sendo "manipulado". No entanto, ele não percebe como Iago é superficial. Iago é submisso e bajula Otelo o tempo todo, mas, ao falar dos amigos e da esposa, usa um tom amargo, maldoso e rancoroso. E nem de longe passa pela cabeça de Otelo que Iago é uma pessoa em quem não deva confiar. Em vez disso, ele literalmente coloca sua própria vida nas mãos desse homem.

Desdêmona, por outro lado, é inteiramente confiável, amável e fiel. É tão obediente ao marido (na época de Shakespeare, a obediência da esposa era uma marca de extrema virtude) que nem tenta se defender quando ele a estrangula até a morte — com obediência, deita-se e permite que ele a assassine. Mas, mesmo nessa hora, Otelo continua acreditando nas mentiras maldosas de Iago sobre ela.

Otelo é um guerreiro corajoso, porém fatalmente indeciso quando se trata de questões pessoais. É capaz de comandar um exército inteiro, mas não tem nenhum controle sobre suas próprias inseguranças. Fora do campo de batalha, não sabe diferenciar seus amigos de seus inimigos. Trai os amigos e o amor de sua devotada esposa, pois não acredita na honestidade deles, e sim nas mentiras de Iago.

A palavra caráter descende do termo grego "gravar". Faz sentido, já que o que pensamos ser caráter tem provavelmente menos a ver com as qualidades com as quais a pessoa nasce e muito mais com os padrões de pensamento e comportamento que adquire durante a vida. De certa forma, seu caráter é "gravado" em você pelo ambiente e experiências por que passa. Qualidades como lealdade, honestidade, confiança, coragem e compaixão não parecem ser inatas ou algo que já vem "instalado" em seu sistema nervoso; são padrões comportamentais que se aprendem e se desenvolvem — ou não — à medida que o ser humano interage com o mundo. A construção do caráter começa em casa, no relacionamento da criança com os pais, e continua quando a pessoa aventura-se no mundo e conhece professores e outros modelos.

Também se espera que os pais dêem a seus filhos as primeiras lições de ética — regras que distinguem a boa conduta da má, como, por exemplo, a Regra de Ouro: "Não faça com os outros o que não quer que façam com você." A criança que não tem tais valores no lar e no ambiente escolar, ao conviver com o mundo, enfrenta desafios éticos. Tristemente, em todas as sociedades parece haver muitos adultos cuja falta de caráter e ética pode ser diretamente relacionada à forma como foram educados.

No entanto, uma "má educação" é uma desculpa terrível para o comportamento antiético. Como adulto, tanto em sua vida particular quanto pública, você depara-se constantemente com situações que testam seu caráter. Quando pega o carro novo de seu vizinho emprestado e dá um arranhão no pára-choque, no estacionamento no *shopping*, pode ser mais fácil dizer que outro motorista deve ter batido no carro enquanto ele estava estacionado. Quando sai com amigas e elas começam a fofocar a respeito de fulana, de quem você gosta, sua lealdade a essa pessoa está sendo testada; você a defende ou ri com as outras? Você está andando apressado quando vê um idoso com uma bengala tentando abrir a porta do prédio, e tem de decidir se irá ajudá-lo ou fingir que não viu nada. Como os outros desafios que enfrenta na vida, cada uma dessas situações é uma chance de crescer, de aprender algo a respeito de si mesmo, de aprimorar-se. O acúmulo desses acontecimentos em sua vida é o que "grava" o caráter, para o lado bom ou ruim. Não se pode culpar os pais pela falta de caráter. *Seu caráter, como tudo em sua vida, é seu, e você tem de sozinho moldá-lo.*

Julgar o caráter — saber em quem confiar e em quem não confiar, ser capaz de distinguir seus verdadeiros amigos dos falsos — não é uma habilidade fácil de desenvolver. Não há uma ciência para isso, embora, há milhares de anos, as pessoas busquem desenvolver uma. Os antigos acreditavam ser possível ler o caráter de uma pessoa pelos traços do rosto; ao que se dá o nome de fisiognomia. Passados anos e anos após o início do século XX, ainda existiam pessoas que acreditavam na prática da frenologia: conhecer o caráter de uma pessoa pelas irregularidades de sua cabeça. A prática da astrologia, que busca delinear o caráter de uma pessoa com base na posição das estrelas e dos planetas no momento de seu nascimento, continua muito popular. E, se alguma vez você já buscou a quiromancia, provavelmente percebeu que a vidente passou menos tempo prevendo seu futuro e mais tempo descrevendo seu caráter segundo o que as linhas das palmas de suas mãos revelavam.

A maioria não acha que ler o caráter de uma pessoa seja tão fácil quanto ler as linhas da palma das mãos. Se sua visão é empolgante e você tem o dom de inspirar os outros para que o ajudem a realizá-la, atrairá todos os tipos de pessoas. A princípio, é difícil saber se uma pessoa está unindo forças com você porque compartilha sua visão ou simplesmente porque vê em você uma chance de explorá-lo em benefício próprio. Pessoas desse tipo são geralmente bons atores e conseguem, facilmente, enganar os outros para que acreditem que estão realmente engajadas em seus objetivos. E é geralmente quando um grupo está enfrentando um momento de estresse e crise que a máscara dessas pessoas cai, revelando sua falta de comprometimento. Em momentos de estresse, os descomprometidos serão os primeiros a abandoná-lo e traí-lo.

Vivenciei esse fato no meu último ano na StarMedia, quando a empresa, repentinamente, passou a enfrentar desafios enormes e a traição tornou-se algo rotineiro. Foi uma lição extremamente dolorosa ver quem continuou sendo leal e firme sob aquelas condições — e quem deixou de ser. Certos investidores e parceiros, em quem eu, talvez ingenuamente, havia acreditado compartilhar nossa visão, foram os primeiros a sumir. (Como Júlio César certa vez disse a respeito de alguns senadores covardes, "um bando de frouxos".) Havia alguns que estavam até mesmo esquematizando e conspirando, ativamente, contra a empresa, tentando manipular a situação em benefício financeiro próprio. Confesso que fiquei surpreso ao perceber que tinha, inadvertidamente, trazido a nosso círculo pessoas que não eram íntegras e que, no fim, pensaram apenas em si mesmas. Aprendi, a duras penas, como é difícil julgar o caráter dos outros.

O lado positivo dessa situação foi sentir como é gratificante ver tantas pessoas unidas em um momento de crise, reorganizando-se para apoiar a empresa e mantendo-se fiéis e comprometidas com a visão. Para essas pessoas, a idéia da StarMedia ia além do preço de suas ações.

Quando uma pessoa trai nossa amizade e confiança, a reação natural é nos encolhermos em um canto e dizermos a nós mesmos que nunca mais confiaremos em ninguém. Não é uma decisão acertada. Não importa o quanto a traição o tenha machucado, não se pode deixar de acreditar nos outros. Para cada pessoa que trai sua confiança, há muitas outras que irão mostrar que valem a amizade que você dedica a elas, pessoas que enriquecerão sua vida de inúmeras maneiras. É preciso coragem para viver uma vida plena no mundo, e isso inclui ter coragem de se expor a traições ocasionais.

Afinal, *a única pessoa que você pode garantir ser confiável e honesta é você mesmo*. Não é possível forçar os outros a agirem com ética. No entanto, ao ser escrupulosamente ético, você atrairá boas pessoas, em quem poderá confiar e que se unirão a você para que consiga realizar sua visão. Vale a pena correr o risco de ter, ocasionalmente, o coração partido.

DEFININDO AMIZADE

> *Diga-me com quem andas, e lhe direi quem és.*
>
> — Provérbio russo

Dado que cada revés, cada fracasso, é uma oportunidade de aprendizado, passei muito tempo analisando como me deixei acreditar em pessoas em quem não deveria ter acreditado. Como permiti que tantas pessoas "próximas" me traíssem? O que me levou a ser tão ingênuo?

Percebi que um de meus erros foi projetar meu próprio caráter nos outros. Como já mencionei antes, criar e construir a StarMedia nunca significou um ganho financeiro pessoal para mim. Minha visão era conectar todos os latino-americanos através da Internet, e me dispus a realizar esse sonho. Ganhar dinheiro ao mesmo tempo que buscava isso foi bom, mas não era o que me fazia seguir adiante. Também descobri que, quando me tornei rico, *ter* muito dinheiro não era algo pelo qual, particularmente, me interessava. Quando pude comprar qualquer coisa que desejasse, independentemente do preço, comecei a perceber como queria pouco e como eram pequenas minhas necessidades. Para mim, ser rico não era um objetivo, e sim, um resultado.

O que aprendi e o que deveria, claramente, ter sido óbvio para mim, é que muitas pessoas que encontramos no mundo dos negócios são, na verdade, motivadas somente pelo dinheiro. Em alguns casos, suas decisões éticas baseiam-se em um tipo de planilha humana, onde o que é "certo" é aquilo que lhes traz ganhos financeiros.

Aí está uma lição importante: *não projete sua própria ética e caráter nas outras pessoas.* Não conclua que as pessoas que você atrai estão realmente comprando sua visão. Algumas irão simplesmente usar tanto você quanto sua visão em benefício próprio. Principalmente quando estiver iniciando qualquer tipo de relacionamento de negócios com alguém, pergunte a si mesmo: "Esse relacionamento baseia-se em valores mútuos, afeição mútua e em uma visão compartilhada? Ou essa pessoa está começando a se relacionar comigo por necessidade, porque represento algo — oportunidade, energia, idéias, o que for — ou porque quer se aproveitar de mim? Esse relacionamento baseia-se apenas em interesse próprio?"

São boas perguntas a se fazer, mesmo que as respostas sejam difíceis. Não se transforme em um paranóico nem seja excessivamente desconfiado dos outros, nem se mostre fechado a pessoas que podem ajudá-lo a alcançar seus objetivos. Não conclua, porém, que todos são motivados pelos mesmos objetivos que você. Não doe sua confiança tão facilmente. Como o conselho dado por Ronald Reagan, que eu, infelizmente, ignorei: "Acredite, mas se certifique."

Outra lição que aprendi a duras penas, que parecerá óbvia aos que têm experiência nos negócios: *não confunda amizade de negócios com amizade pessoal.* Uma amizade de negócios pode se transformar em uma amizade pessoal verdadeira, mas não se deve nunca esquecer que esta não é sua primeira motivação. Você e um parceiro, colega, investidor, funcionário ou empregador podem realmente descobrir que têm afinidade no âmbito pessoal, e isso é muito bom. Mas, na verdade, o que os uniu foram os negócios e o ganho financeiro, não a afeição. Em momentos de crise ou estresse, o que realmente definirá a forma como a "amizade" de vocês se comportará será o dinheiro, não o afeto.

Ter sempre consciência da diferença entre relacionamento pessoal e relacionamento profissional é crucial para saber reagir quando um "amigo" falhar com você ou o trair. Quando ficou claro para alguns de nós que um colega estava ativamente trabalhando contra a StarMedia, trabalhando literalmente para nos minar em favor próprio, hesitei em acreditar. Gostava muito dessa pessoa e, ao projetar meu próprio caráter nela, simplesmente não conseguia acreditar que estava nos traindo. Mesmo quando mostrou, claramente, que não estava sendo correta, continuei dando desculpas para seus atos: "Pode ser que a gente esteja interpretando mal suas ações", pensava. "Há, com certeza, uma explicação racional para o que ela está fazendo."

Não havia. Essa pessoa estava, pura e simplesmente, nos traindo. Depois de relutar muito, admiti isso a mim mesmo, mas ela já havia nos causado prejuízos enormes.

No final, esse ato de traição foi um presente de conhecimento e, assim espero, de sabedoria. Se você separa, em sua mente, os relacionamentos pessoais daqueles de negócios, é muito mais fácil ver e admitir quando uma pessoa em quem confia está lhe fazendo mal, e fica mais fácil agir rapidamente para contornar tal situação. Você é capaz de avaliar a situação de forma mais objetiva e racional, e responder de forma mais ativa e decisiva, se seu pensamento não estiver encoberto por reações emocionais. Por mais desapontado que possa estar com a pessoa e consigo mesmo por ter acreditado nela, consegue reagir.

Independentemente do cuidado que tome para manter o pessoal separado do profissional, quando um colega de trabalho falha com você e o relacionamento "acaba", pode ser tão doloroso quanto acabar o relacionamento com uma pessoa que ama. No sentido real, quando você tem um relacionamento de negócios intenso com alguém, e ambos trabalham juntos para atingir objetivos mútuos e para transformar algo grande em realidade, isso se torna muito parecido com um relacionamento amoroso, e o fim pode ser igualmente devastador do ponto de vista emocional. Você pode se afundar em um estado profundo de desespero e depressão. Fica recordando aquela semana incrível em que passaram todas as noites no escritório comendo apenas *pizza* e se divertindo muito contando piadas enquanto preparavam, feito loucos, aquela apresentação "tudo ou nada" para a reunião com o cliente na sexta-feira de manhã. Deita-se no sofá cansado e, enquanto muda de um canal para outro, começa a ver uma série policial que se passa em Miami, e repentinamente se lembra dos dois ou três dias maravilhosos que passaram juntos naquela cidade em uma conferência anual. Seu celular está em seu criado-mudo e você fica checando, compulsivamente, aquela mensagem que nunca chega.

Esse doloroso estágio pós-relacionamento pode durar semanas, meses, ou até mesmo anos. É necessário aceitá-lo como sendo parte da vida e dos relacionamentos que mantemos com os outros. Às vezes, dói. Mas, com o passar do tempo, você irá, gradualmente, integrar a dor a suas experiências de vida. Um ponto crucial para que isso ocorra é *aceitar a responsabilidade que lhe cabe pelo que aconteceu*. Não significa se martirizar ou se afundar em um sentimento de culpa. Mas, em algum momento, você precisa dizer a si mesmo: "Sou ator de minha própria vida." A partir daí, pode começar a analisar o que *você* fez que permitiu ou até mesmo levou aquela pessoa a agir da forma como agiu. Você admite seus erros, analisa-os e aprende com eles.

Por fim, é também vital para sua saúde e desenvolvimento mental como ser humano *perdoar a pessoa que o traiu*. Por mais difícil que seja, por mais que essa pessoa o tenha prejudicado e decepcionado, em algum momento você tem de perdoá-la. Tenha compaixão por ela, pois, ao agir como agiu, ela prejudicou a si mesma muito mais do que a você. A traição, como destacou, Dalai Lama, devora a alma do traidor. E, em seu caso, até que consiga perdoar, alguma parte de você estará sempre presa ao passado, cutucando a ferida, vivendo a dor que a outra pessoa lhe causou, impedindo que você siga adiante.

Levou tempo, e muita meditação, mas perdoei os que me traíram — e me libertei.

TRAIR A SI MESMO

Não é preciso ler Shakespeare para conhecer histórias trágicas de líderes que traíram a confiança de seus seguidores. Lemos histórias parecidas o tempo todo nos cadernos de negócios dos jornais. Histórias de CEOs que mentem, trapaceiam e roubam funcionários, acionistas e investidores são comuns — e seguem um triste padrão bastante conhecido. Todo ano, lemos sobre o julgamento de um executivo extremamente bem-sucedido que, embora tivesse um salário de milhões de dólares, foi pego embolsando outros milhões ao manipular as ações da empresa, assaltar o fundo de pensão dos funcionários, mentir para o conselho ou fazer uso da conta de despesas da empresa para pagar extravagâncias pessoais.

Pense, por exemplo, no CEO que foi recentemente acusado de ter roubado centenas de milhões de fundos empresariais, os quais, ao que tudo indica, ajudaram-no a pagar suas várias mansões, os milhões de dólares gastos com jóias dadas à esposa e amantes, seu iate e até mesmo uma festa de arromba em comemoração a seu aniversário na qual foram gastos dois milhões dólares. Trata-se de um homem que havia ganho, legalmente, 300 milhões em cinco anos. Se provarem que as acusações são verdadeiras, devemos perguntar por que um homem que ganhava tanto sentiu a irresistível necessidade de ter mais — e arriscou-se a pegar 30 anos de prisão por isso.

Mesmo em Wall Street, onde supostamente "ganância é bom", um líder que consegue muito para si à custa dos outros pode ter um final triste. A crise institucional de Wall Street que se iniciou com a onda de escândalos corporativos levou a uma profunda reformulação dos valores essenciais. Conquistar e manter a confiança é hoje algo de fundamental importância para praticamente todos os seus líderes.

Há uma lição simples e óbvia nessas histórias — tanto que, na verdade, é assustador como as pessoas geralmente parecem esquecê-la ou ignorá-la. Os líderes podem até obter sucesso por um período sendo indecorosos e desonestos, mas, no final, constroem sua própria derrota. Qualquer que seja a empreitada, você é responsável pelas outras pessoas e elas são responsáveis por você; se quebrar esse acordo ou abusar da confiança do outro, no final, você *pagará* por isso.

Não se pode esperar que os outros sejam confiáveis se você não é. Não se pode esperar que os outros sejam honestos se você é desonesto. Você pode até impressionar seu chefe apresentando-lhe a idéia que roubou de outra pessoa, pode conseguir tomar uma cerveja à noite porque não deu o troco certo para aquele rapaz apressado que passou pelo caixa, pode conseguir, durante meses e até mesmo anos, incluir gastos com jantares particulares na conta da empresa; no entanto, a longo prazo, está cavando sua própria cova. Isso porque, cedo ou tarde, até os mentirosos e trapaceiros mais espertos são descobertos. Colocam em risco não apenas tudo o que acumularam em riquezas obtidas de formas ilícitas, mas também o amor, respeito e apoio das pessoas que traíram. E sair desse buraco pode levar uma vida inteira.

A verdade é que, quando você mente ou trapaceia, quando trai a confiança alheia, *está traindo a si mesmo e sua visão*. Nunca será verdadeiramente feliz nem alcançará o sucesso como ser humano se construir sua vida baseada em mentiras. *No caminho da vida, não há atalhos para a realização pessoal.* Você pode conseguir trapacear e conquistar alguns *adornos externos* de sucesso — riqueza, poder, fama —, no entanto, não pode trapacear o processo de autoconhecimento, de encontrar os caminhos que são realmente adequados para si mesmo e que o farão feliz.

DANDO O EXEMPLO

Logicamente, é possível tornar-se rico e "bem-sucedido" na vida sendo uma pessoa egoísta que só quer saber de ser o primeiro em tudo. Pessoas assim podem até comandar grandes corporações, com inúmeros funcionários sob sua supervisão.

Mas essa pessoa é realmente um líder? Os outros a seguem por lealdade ou por compartilharem sua visão? Essa pessoa cria alguma coisa no mundo a não ser sua fortuna pessoal?

Não. A verdadeira liderança não é algo relacionado à própria pessoa. A verdadeira liderança é desinteressada. Transcende a pessoa e suas necessidades. A verdadeira liderança está a serviço de idéias ou de questões que vão além do indivíduo. E inspiram os outros a se superarem também. *Os verdadeiros líderes servem de exemplo.*

O rei Juan Carlos da Espanha entende perfeitamente esses princípios e vive segundo eles. Lidera seu povo por intermédio de seu caráter e conduta, não por meio de algum tipo de poder autoritário. Esforçou-se em ser a melhor pessoa possível, e em inspirar o povo de seu país a também ser. Ele sabe que, se agir de forma antiética, imoral ou inadequada, estará traindo não apenas seu povo, mas a si mesmo e sua visão para a nação.

Essa é a atitude de um líder. Um verdadeiro líder não comanda as pessoas à sua volta em benefício próprio e para alcançar a própria glória. Um verdadeiro líder dedica-se a uma causa maior e inspira os outros a também se dedicarem a ela.

Você não precisa ser um rei para demonstrar esse tipo de liderança. Um grande professor, por exemplo, inspira os alunos a serem as melhores pessoas possível, e, desta forma, enriquece não apenas a comunidade, mas também a vida desses alunos.

Edwin Correa deixou Porto Rico aos 16 anos, graças a uma carreira que faz heróis tanto na América Latina quanto na América do Norte: tornou-se arremessador de um grande time de beisebol. Mais tarde, quando se aposentou de uma bela trajetória no Texas Rangers, no final da década de 1980, iniciou uma segunda carreira que, em minha opinião, é o que faz dele um verdadeiro herói. Voltou a Porto Rico e fundou a Puerto Rico Baseball Academy High School. A escola prepara jovens talentosos para buscarem uma carreira na área esportiva, mas seu objetivo vai muito além. Para Correa, que nunca freqüentou a faculdade, as questões acadêmicas são tão importantes quanto o esporte. Busca inspirar e ajudar jovens porto-riquenhos a tornarem-se indivíduos instruídos — não apenas os melhores jogadores, mas as melhores pessoas possível.

Em qualquer coisa que faça, você pode sempre encontrar oportunidades de superar-se e tornar-se um líder, ser fonte de inspiração e servir de exemplo. Ao ser a melhor pessoa possível — honesta, confiável, responsável, cortês e ética —, você inspira tais qualidades nos que o cercam. Ao se dedicar a um objetivo maior, você inspira os outros a esperar mais de si mesmos também.

E *isso* é o verdadeiro sucesso, com ou sem todos aqueles adornos externos.

RESUMO

- Seu caráter, como tudo em sua vida, é só seu e você tem, de sozinho, moldá-lo.

- Em suas relações com os outros, a única pessoa que você pode garantir que seja confiável e honesta é você mesmo. Não projete sua própria ética e caráter nos outros.

- Ter sempre consciência da diferença entre relacionamento pessoal e profissional é crucial para saber reagir quando um "amigo" falhar com você ou o trair.

- Se um amigo o traiu, aceite sua parcela de responsabilidade pelo que aconteceu. Admita seus erros, analise-os e aprenda com eles.

- É vital para sua saúde e desenvolvimento mental como ser humano perdoar quem o trair. Liberte-se pelo perdão.

- No caminho da vida, não há atalhos para a realização pessoal. Não se pode esperar que os outros sejam confiáveis se você não é confiável. Não se pode esperar que os outros sejam honestos se você é desonesto.

- Os verdadeiros líderes servem de exemplo. O que quer que faça, você pode sempre encontrar oportunidades de superar-se e tornar-se um líder, sendo fonte de inspiração e exemplo.

EXERCÍCIO: Escolhendo os amigos

Escolhemos nossos amigos por razões complexas. Há inúmeros motivos para nos sentirmos atraídos pelas pessoas e querer fazer amizade com elas. Isso é bom. Amigos duradouros enriquecem e engrandecem nossa vida. Não saber escolher os amigos pode ser altamente destrutivo.

É difícil dizer, de antemão, se alguém de quem você gosta e de quem quer ser amigo terá um impacto positivo ou negativo em sua vida. Mas, ao analisar o passado, talvez consiga detectar padrões que mostrem como escolheu seus amigos e como distinguiu as boas amizades das más. Saber como você escolheu amigos no passado pode ajudá-lo a fazer escolhas mais positivas e evitar amigos errados no futuro.

Este exercício tem o objetivo de ajudá-lo a iniciar esse processo de análise.

1. Os amigos que mais me ajudaram na vida são (enumere todos)...

2. Ao analisar o passado, acredito que as qualidades, características ou traços de personalidade que fizeram com que eu me interessasse por cada uma dessas pessoas foram...

3. Os amigos que mais foram destrutivos para minha vida são (enumere todos)...

4. As qualidades, características ou traços de personalidade que fizeram com que eu me interessasse por cada uma dessas pessoas foram...

5. Quais qualidades, características ou traços de personalidade o primeiro e o segundo grupo de amigos têm em comum?

6. Quais qualidades, características ou traços de personalidade distinguem o primeiro grupo do segundo?

7. O que isso revela a respeito do que me atrai nas pessoas e da maneira como escolho amigos? Quais tipos de pessoas têm mais probabilidade de se transformar em bons amigos? Quais tipos de pessoas têm mais probabilidade de ser destrutivas para mim?

8. A última vez que uma pessoa que considerava amiga me traiu foi (escreva uma breve descrição sobre o que aconteceu)...

9. Fazendo um retrospecto, houve sinais alertando que essa pessoa poderia me trair? Em caso afirmativo, os sinais foram...

10. Qual foi minha resposta a esses sinais? Ignorei-os, neguei-os, recusei-me a acreditar neles? Parei para investigá-los? Conversei com meu amigo a respeito?

11. Agi de uma forma decisiva para limitar o impacto negativo da traição dessa pessoa, ou fui passivo e permiti que isso me machucasse? Por quê?

12. Com base nessa experiência, o que posso aprender sobre mim mesmo e sobre a maneira como escolho amigos? Que uso posso fazer dos ensinamentos que essa experiência trouxe sobre mim mesmo e sobre como escolher amigos no futuro?

10

DÉCIMO PRINCÍPIO

Integre corpo, mente e espírito

O poeta latino Juvenal declarou que o cidadão romano ideal possuía *mens sana in corpore sano* — mente sã em corpo são. Eu adicionaria uma terceira dimensão a ser integrada à pessoa ideal: mente e espírito sãos em corpo são.

INTEGRANDO CORPO E MENTE

Durante séculos, a medicina e a cultura ocidental em geral trataram a mente, o espírito e o corpo como entidades independentes e não relacionadas. O corpo era encarado como pouco mais que um veículo temporário que carregava a mente e a alma pela Terra. De fato, já que o cristianismo via o corpo como uma fonte de tentação e pecado, a existência física era denegrida e subestimada, enquanto a vida mental e espiritual era tratada como naturalmente superior e "mais pura".

Somente há pouquíssimo tempo o Ocidente se conscientizou de que como corpo e mente estão intimamente integrados e inter-relacionados. Sabemos que nossos estados mental e emocional podem afetar diretamente nossa saúde física e que, por sua vez, há uma base fisiológica para muitos de nossos estados mentais e emocionais. Dessa forma, por um lado, a depressão crônica parece diminuir a resistência do corpo a doenças e, por outro, desequilíbrios na química do cérebro causam sintomas de doenças mentais.

A relação entre estresse e doenças cardíacas e outras enfermidades é hoje bem aceita pela comunidade médica. O estresse foi identificado pela primeira vez na década de 1930, embora ainda seja difícil defini-lo com precisão. Assim como o medo, o estresse parece tocar nossos instintos primordiais de luta ou fuga. Mas enquanto o medo é uma explosão de resposta a um perigo (real ou imaginário), o estresse é uma condição aparentemente mais constante e, conseqüentemente, pode ter um efeito negativo mais prolongado na saúde. É como se mente e corpo estivessem em um estado contínuo de medo em baixa intensidade, sem nunca repousar nem relaxar e liberar a tensão que normalmente sentimos após um perigo qualquer. A relação entre estresse e doenças cardíacas tem sido bastante documentada, mas acredita-se também que o estresse tenha um impacto mais generalizado no organismo, afetando os sistemas nervoso, respiratório e imunológico, provocando distúrbios alimentares e do sono, reduzindo a capacidade de memória e concentração, e detonando certos desequilíbrios mentais e emocionais.

O estresse relacionado ao trabalho é um fenômeno bastante conhecido. Pode atingir o gerente corporativo com excesso de metas, o controlador de vôo sobrecarregado e o político sob constante fiscalização pública. Um lar continuamente abalado por conflitos, violência e abusos coloca as crianças sob um terrível estresse. Imagina-se hoje que as pressões diárias da vida em áreas urbanas empobrecidas produzem um nível de estresse que contribui para o preocupante conjunto de riscos crescentes à saúde enfrentados por pessoas carentes.

Estamos começando a entender outras maneiras pelas quais mente e corpo se relacionam. O teste de QI, por exemplo, usado por cerca de um século para medir a inteligência, investiga apenas a capacidade lingüística, matemática e lógica — o que poderíamos chamar de "inteligência do cérebro". Mas, em décadas recentes, estudiosos da área de educação como Howard Gardner, de Harvard, argumentaram que essa é uma maneira limitante e enganosa de julgar a inteligência. Gardner teorizou as "inteligências múltiplas" — diferentes formas de inteligência que possuímos em diversos níveis. Isso inclui a "inteligência do corpo", presente de forma mais marcante em atletas, dançarinos e pessoas com habilidade manual; a "inteligência visual e espacial", demonstrada por artistas; e a "inteligência interpessoal", traduzida em habilidade social.

Essa teoria, intuitivamente, faz sentido. Quando vemos o desempenho de um atleta com extrema habilidade, costumamos dizer que ele foi "brilhante". Não estamos querendo dizer com isso que ele teria necessariamente uma alta pontuação em um teste de QI, mas que está demonstrando uma genialidade física, uma inteligência corporal, que é tão impressionante e real como a inteligência de um perito em matemática.

Bailarinos, obviamente, também exibem inteligência do corpo. Merce Cunningham é um dos mais inovadores coreógrafos da dança moderna. Sua abordagem é tão espiritual e filosófica quanto artística. Tendo bebido em fontes como o zen-budismo, o I Ching e a física teórica, é particularmente conhecido por sua experimentação com o acaso e ocorrências aleatórias. Ele desconstrói a dança tradicional em elementos básicos: movimento, gesto, corpos se movendo pelo tempo e espaço, música, luzes, cenário. Em seguida, deixa que o acaso determine a seqüência e a composição desses elementos. Embora os elementos permaneçam os mesmos, a forma com que são apresentados pode mudar a cada espetáculo.

O impacto em seus bailarinos é profundo e revelador. Já que nenhuma apresentação é rotineira, os bailarinos jamais podem estar em "piloto automático". O fator aleatório significa que eles devem estar "vivenciando plenamente o momento", a cada segundo que estiverem no palco, completamente sintonizados com seus próprios corpos, com todos os outros bailarinos e com todos os demais elementos da apresentação. Embora todos os movimentos sejam precisos e rigorosamente pesquisados, o contexto mutante torna cada apresentação um novo ato criativo, não uma repetição. Isso requer uma extraordinária integração de corpo, mente, e, por que não dizer, espírito.

Os norte-americanos chegaram a um ponto curioso e fascinante na forma de olhar e respeitar seu corpo. Como já mencionei, nunca houve tantos americanos obesos como hoje. É a causa de doença e morte que mais cresce nos Estados Unidos. Mas, ao mesmo tempo, milhões de outros americanos encontram-se em um estado prolongado de "embriaguez por saúde" que já dura 30 anos. Nós nos movimentamos, corremos, pedalamos ou caminhamos em nome da saúde cardiovascular. Vamos cada vez mais a academias e aulas de ginástica. A preocupação com uma dieta saudável atingiu um nível de obsessão nacional. Os americanos estão passando, simultaneamente, por sua melhor e pior forma física de todos os tempos.

Sabemos que há fatores de classe, econômicos e culturais que promovem a obesidade em alguns setores da sociedade. Em certas culturas latino-americanas, um corpo que muitos classificariam como acima do peso é visto como símbolo de sucesso em homens (ele deve ser bem-sucedido já que pode comer tanto) e de atrativo sexual em mulheres. (Tenho uma amiga cubana cujo porte atlético, bem proporcionado, provocou angústia nos pais durante toda sua juventude. Deram a ela o apelido de *Flaca* — Magrela —, e não estavam com isso querendo elogiá-la.) Em diversas áreas menos favorecidas, tanto urbanas quanto rurais, as pessoas mais pobres têm acesso limitado, ou até mesmo nenhum acesso, a alimentação saudável e ginásios esportivos, de forma que uma dieta desequilibrada e a falta de exercícios físicos são quase características de seu ambiente social.

No entanto, mesmo levando-se em consideração esses fatores, acredito que a epidemia nacional de obesidade sinalize uma fome mais profunda. Assim como outros comportamentos viciosos, a compulsão ao comer é uma tentativa distorcida de alcançar uma falsa e passageira sensação de felicidade.

Mas *você nunca alcançará a verdadeira felicidade abusando de seu corpo* dessa maneira. Não conseguirá subir montanhas se tiver o hábito de comer compulsivamente. Não poderá seguir seu caminho rumo ao sucesso se parar em cada *fast-food* que encontrar ao longo da estrada.

Minha própria experiência com compulsão por comida quando criança era uma tentativa clara de encontrar algum conforto, alguma felicidade sob condições extremamente penosas e estressantes. Mas, no lugar de me trazer alegria, desencadeava alguns efeitos bastante negativos em minha saúde e auto-estima. Passei a ter pressão alta e, na escola, me mandavam de volta para casa com episódios de tontura. Minha auto-imagem era terrivelmente negativa.

Finalmente, livrei-me do excesso de peso na faculdade, quando perdi 25 quilos em seis meses. Mas só comecei a me exercitar regularmente aos 20 e tantos anos. Experimentei diversas modalidades, e a prática de caminhadas pareceu a mais adequada para mim. (O Nepal foi um teste de meu novo enfoque em caminhadas.)

Em seis meses, já podia ver e sentir os efeitos positivos não apenas em meu corpo, mas também em minha mente. Até então, acreditava naquele modelo antiquado do corpo apenas como um veículo que carregava meu cérebro aqui e ali. Imagino que era o típico "esquisitão". Descobri em mim a íntima relação entre a saúde do corpo e a capacidade da mente. O ato de entrar em forma e seguir uma dieta equilibrada aumentou imensamente meus níveis de energia e força, tanto física como mental. Conseguia pensar com mais clareza e me concentrar com mais facilidade. Descobri que, quando saía para minha caminhada diária, levava não apenas meu corpo para o exercício, mas também minha mente. Afinal, o sangue e o oxigênio que bombeiam em seu organismo quando você faz um esforço físico também alimentam seu cérebro. Quando caminho, minha mente torna-se clara e focada. Tive algumas de minhas idéias mais criativas enquanto caminhava. Sempre que minha agenda profissional permite, procuro caminhar quase diariamente.

Há outras maneiras pelas quais a saúde física, mental e emocional interagem e se reforçam entre si. O termo *biofeeback* pode ser um clichê da Nova Era, mas descreve processos bastante reais que se tornaram bem conhecidos entre as comunidades médica e científica. Muitos hospitais e clínicas reconhecem hoje a correlação entre uma atitude positiva, otimista, e a capacidade do corpo de curar ferimentos, recuperar-se de cirurgias complicadas e lutar contra doenças. Sabemos por experiência própria como a ansiedade pode nos tirar o sono, causando exaustão física e mental, ou como um longo período de depressão acarreta não apenas letargia e negligência física, mas também incapacidade de concentrar nossa mente e pensar com clareza.

Aprendi algumas técnicas simples para sincronizar meu corpo, minha mente e minhas emoções. Uma delas é um exercício de controle da respiração parecido com a ioga. A concentração intencional em um processo de respiração profunda e regular tem um impressionante efeito calmante em minhas emoções em momentos de estresse ou preocupação. Além disso, libera minha mente para enfocar o que quer que esteja me preocupando e encontrar uma solução criativa. Descobri também os benefícios da massagem e da acupuntura. Nosso corpo, literalmente, armazena tensão e estresse em nossos músculos. Essa tensão muscular, por sua vez, envia sinais constantes a nosso cérebro, mantendo nossa mente em um estado de agitação. É um ciclo que alimenta a si mesmo. A massagem relaxa os músculos, permitindo que a mente também relaxe. E a acupuntura, uma disciplina usada há milhares de anos, é uma poderosa ferramenta para o controle do estresse.

Provei a mim mesmo que *há uma relação direta, imediata, entre a saúde física, a capacidade de pensar criativamente e a estabilidade emocional para perseverar.* Colocar sua mente, suas emoções e seu corpo em equilíbrio e harmonia é fundamental para sua busca diária de felicidade e realização. Isso permite que você pense com clareza sobre suas necessidades e planeje suas ações de maneira criativa. Dá a você a flexibilidade para perseguir seus objetivos pelos caminhos tortuosos da vida, a força emocional para perseverar, a agilidade para superar os obstáculos do caminho e a resistência para recuperar-se e seguir adiante quando o piano de sete toneladas eventualmente cai sobre sua cabeça.

Assim como você deve manter seu corpo saudável e em forma, é preciso também exercitar sua mente. *A pessoa bem-sucedida sabe que cada dia traz para a mente novas oportunidades de aprendizado e crescimento e procura aproveitar isso ao máximo.* Pode ser algo simples como ler um livro do tipo *O universo numa casca de noz* (Arx, 2002), de Stephen Hawking, ou o último número de *The New Republic*. Ou talvez, uma noite ou outra, assistir a documentários ou filmes históricos em vez dos usuais seriados ou programas esportivos. Ou ir a uma série de palestras nas noites de quarta-feira, quando poderá encontrar pessoas com idéias, experiências e pontos de vista que sejam novos para você. Ou viajar a países em que nunca esteve antes, onde entrará em contato com outras culturas e maneiras de viver. Pode também ser um exercício mais formal de aprendizado, como freqüentar nas noites de terça-feira o programa de educação continuada sobre filosofia ocidental que desafiará sua mente com novas informações ou uma nova perspectiva.

O processo de aprendizado e crescimento dura toda uma vida. Lembre-se da avó de minha esposa que aprendeu a tocar violino e a usar o computador aos 80 anos. Você nunca saberá "tudo que precisa saber" sobre o mundo ou sobre si mesmo. Os maiores gênios reconhecem que o que sabem é apenas um minúsculo fragmento do que o mundo oferece. As melhores e mais brilhantes mentes, como Hawking e Einstein, nunca perderam a sede de novos conhecimentos, nunca perderam o entusiasmo por desafiar-se intelectualmente.

O ESPÍRITO HUMANO

Mesmo que não se siga uma religião específica, a maioria de nós admite que *há uma dimensão espiritual na vida, paralela às dimensões física e mental*. Definições específicas acerca do que significa a vida espiritual variam conforme a religião, a filosofia, a cultura, e até mesmo de pessoa para pessoa. Ainda assim, se você observar todas as culturas e religiões, como fez Joseph Campbell durante toda a sua vida, encontrará uma surpreendente convergência nas qualidades que as pessoas citam como representativas dos melhores e mais refinados atributos do espírito humano. Muitos as chamam de virtudes. Para mim, entre as principais qualidades estão a capacidade de amar, a compaixão, a caridade, o autossacrifício, a dedicação ao outro, a justiça, a coragem e a esperança. Diferentes filosofias e religiões poderiam até aumentar minha lista, mas duvido que a reduzíssem.

Infelizmente, embora nossa sociedade atual reconheça na teoria todas as melhores qualidades do espírito humano, na prática tende a avaliar o sucesso de uma pessoa de maneira estreita e desastrosa com base nos falsos parâmetros de dinheiro, poder e fama. A cultura corporativa americana valorizou demais a chamada personalidade "tipo A", aquelas pessoas obsessivas tão movidas pelo desejo de sucesso material que sacrificam tudo que há de humano em si mesmas — inclusive sua saúde e bem-estar espiritual — para alcançar poder e riqueza. Mas isso é tudo que conseguem. Ao ignorar a dimensão espiritual da vida, nunca serão realmente felizes nem seres humanos verdadeiramente bem-sucedidos.

Qual é o verdadeiro propósito da vida? Ganhar um bilhão de dólares? Ou será que ganhar um bilhão de dólares é apenas um dos possíveis resultados de uma vida bem conduzida? Não tenho nada contra ganhar muito dinheiro. Mas, se suas escolhas de vida são motivadas apenas pelo desejo de ganhar dinheiro, no final você chegará à conclusão de que se trata de uma vitória vazia que pode até consumi-lo.

Há um bilionário de Wall Street que construiu sua fortuna como investidor corporativo agressivo — ou, talvez, usurpador corporativo seja o termo mais apropriado. Ele comprava algumas empresas apenas para desmantelá-las e vender seus ativos, e inflava o valor das ações de outras apenas para transformá-las em dinheiro e deixar a dívida como responsabilidade dos outros acionistas. Esse homem conquistou sua fortuna por meio da destruição, e não criando algo de valor para o mundo. No processo, arruinou a subsistência de milhares de pessoas.

Entretanto, na esperança de recuperar parte de sua reputação e talvez também de sua alma, tornou-se um filantropo bastante divulgado, doando enormes somas às mais diversas causas. Mas nenhuma quantia em doação filantrópica poderia alterar o fato de que ele fez fortuna destruindo vidas.

O termo correto para isso é "falsa caridade". Trata-se de caridade para ser exibida, não a que advém da verdadeira compaixão ou do senso de obrigação em fazer algo de bom pela comunidade. Em suas atividades profissionais diárias, esse usurpador corporativo demonstrou, sem sombra de dúvida, não ter compaixão alguma.

Muitos dos grandes filósofos e líderes religiosos do mundo já nos alertaram a respeito da falsa caridade. Na Bíblia, Jesus disse: "Guardai-vos de fazer vossas boas obras diante dos homens, para serdes vistos por eles; de outra sorte não tereis recompensa junto de vosso Pai, que está nos céus. Quando, pois, deres esmola, não faças tocar trombeta diante de ti, como fazem os hipócritas nas sinagogas e nas ruas, para serem glorificados pelos homens. Em verdade vos digo que já receberam sua recompensa. Assim, quando deres esmola, não saiba a tua mão esquerda o que faz a direita; para que tua esmola fique em segredo; e teu Pai, que vê em segredo, te recompensará."

A falsa caridade é a antítese da verdadeira compaixão. Medir seu sucesso na vida pela quantidade de dinheiro que consegue acumular, a despeito da miséria e destruição que causa a outras pessoas no decorrer do processo, revela uma completa ausência de capacidade de amar e servir ao outro.

E não importa se você é um milionário ou um assalariado de classe média: se o dinheiro que ganha e as coisas que esse dinheiro compra são tudo o que o motiva, você corre risco de morte espiritual. Lembre-se do desgostoso fantasma de Jacob Marley em *Um conto de Natal*, de Dickens, fadado a arrastar as correntes criadas por ele mesmo pela escuridão da vida eterna. Na tentativa de animar seu velho amigo, Scrooge lhe diz: "Mas você sempre foi um excelente homem de negócios, Jacob." Marley grita: "Negócios! A humanidade é que deveria ter sido meu negócio. O bem comum deveria ter sido meu negócio; a caridade, a misericórdia, a indulgência e a benevolência deveriam, todas, ter sido meu negócio. As relações de meu negócio não foram mais que uma gota d'água no imenso oceano do que deveriam ter sido!"

Marley está oferecendo a seu amigo uma mensagem altamente significativa. *Ao negar o espírito humano que existe em você, ao falhar em sen-*

tir e agir com compaixão e amor em relação aos outros, não estará apenas agindo erroneamente com eles, mas também se destruindo como ser humano.

Assim como a saúde física e intelectual, a saúde espiritual é crucial para que consiga alcançar a felicidade e o sucesso como ser humano. Deixar que seu lado espiritual se atrofie e morra por negligência é tão autodestrutivo quanto abusar de seu corpo ou parar de crescer intelectualmente. Em outras palavras, *é para seu próprio bem que você deve pensar ativamente no bem dos outros.*

Assim como acontece com o corpo e a mente, a dimensão espiritual da vida precisa de "exercício". Até aquele investidor agressivo parece saber, intuitivamente, que fazer o bem no mundo é algo a que ele "deveria" aspirar. Mas não basta saber — é preciso *agir*. Felizmente, o mundo nos apresenta, todos os dias, inúmeras oportunidades de, ativamente, demonstrar amor, compaixão, caridade e bondade. Você segura a porta do elevador para a jovem mãe aflita cujo filho arrasta os pés pelo corredor. O grupo de estudantes japoneses com suas novíssimas roupas e acessórios *hip-hop* lhe pergunta como pegar o ônibus expresso que cruza a cidade. A cozinha de sua igreja abre as portas e oferece sopa aos sem-teto todos os dias das quatro às sete da noite. A recepcionista organiza uma equipe do escritório para participar da passeata contra a Aids no próximo domingo.

Você não precisa acreditar no paraíso, em carma ou no fantasma de Marley para perceber que, cada vez que demonstra compaixão e bondade aos outros, está fazendo também um favor a si mesmo. Em termos práticos e reais, você enriquece e melhora sua própria vida quando estende a mão a alguém. Você pode até pensar nisso de forma claramente egoísta. Sua capacidade de se relacionar com as pessoas é fundamental para seu próprio processo de crescimento e amadurecimento, de entender a si mesmo, de curar a si mesmo. Além disso, se for respeitoso e bondoso ao lidar com os outros, estará aumentando suas chances de que eles façam o mesmo por você, o que pode, obviamente, ajudá-lo a alcançar seus objetivos. No mínimo, faz com que você se sinta bem consigo mesmo e ajuda a deflagrar o otimismo e a auto-estima que são tão fundamentais à sua própria felicidade e sucesso.

Em última instância, se você deve a si mesmo e à sua comunidade buscar ser a melhor pessoa possível, então é sua obrigação ser uma pessoa *completa*, que integra saúde física, mental e espiritual. Integração significa crescimento e maturidade em todas as dimensões de sua vida. Você nunca alcançará o verdadeiro sucesso e a felicidade se ignorar ou negligenciar qualquer um desses aspectos de sua condição humana.

RESUMO

- O ser humano bem-sucedido integra saúde física, mental e espiritual.

- Você nunca alcançará a verdadeira felicidade abusando de seu corpo. Há uma relação direta e imediata entre a saúde física, a capacidade de pensar criativamente e a estabilidade emocional para perseverar. Colocar sua mente, suas emoções e seu corpo em equilíbrio e harmonia é fundamental para sua busca diária de felicidade e realização.

- A pessoa bem-sucedida sabe que cada dia traz para a mente novas oportunidades de aprendizado e crescimento, e procura aproveitar isso ao máximo.

- Ao negar o espírito humano que existe em você, ao não sentir e agir com compaixão e amor em relação aos outros, não estará apenas agindo erroneamente com eles, mas também se destruindo como ser humano.

EXERCÍCIO: *Mens sana in corpore sano*
(Mente sã em corpo são)

Até que ponto você cuida bem de sua saúde física? Você se "exercita" intelectualmente? As perguntas a seguir o ajudarão a identificar quais aspectos de seu bem-estar físico e intelectual podem ser melhorados.

Responda Verdadeiro ou Falso às perguntas de 1 a 15.

1. Estou em boa forma física.
2. Pratico exercícios regularmente.
3. Mantenho uma dieta saudável e balanceada.
4. Fumo.
5. Bebo muito café.
6. Bebo muito álcool.
7. Bebo muito refrigerante.
8. Durmo bem.
9. Faço *check-up* regularmente.
10. Vou ao dentista regularmente.
11. Tenho facilidade em focar minha mente e me concentrar em uma tarefa.
12. Se depender de mim, tendo a sonhar acordado e ficar à toa.
13. Tendo a ocupar meu tempo livre com atividades que me desafiem física ou intelectualmente.
14. Tendo a ocupar meu tempo livre "vegetando" diante da TV ou ficando à toa.
15. Gosto de aprender coisas novas e crio novos caminhos para encontrar oportunidades assim em minha vida.
16. Os interesses, habilidades e/ou *hobbies* que busco em meu tempo livre são...

17. Leio, em média, ... livros por mês.

18. Leio, em média, ... revistas por mês.

19. Leio, em média, ... jornais por semana.

20. Nos últimos dois anos, participei de ... curso(s)/aula(s).

21. Nos últimos dois anos, adquiri estas novas habilidades e conhecimentos...

11

DÉCIMO PRIMEIRO PRINCÍPIO

Cumpra sua tarefa na comunidade

Para colocar o mundo em ordem, precisamos primeiro colocar a nação em ordem; para colocar a nação em ordem, precisamos primeiro colocar a família em ordem; para colocar a família em ordem, precisamos primeiro cultivar nossa vida pessoal; precisamos primeiro arrumar nosso coração.

— Confúcio

Howard Hughes é lembrado como um dos mais ricos, famosos e bem-sucedidos empreendedores do século passado. É também lembrado como um dos mais solitários e infelizes. Quando criança, no Texas, filho de um produtor de petróleo de práticas empresariais "duvidosas", era um solitário que se entretinha consertando motores e máquinas. Na juventude, fez sua primeira fortuna com o petróleo, ganhando em seguida bilhões com a aeronáutica (era dono da Hughes Aircraft e da TWA), eletrônica e cinema (era dono da RKO Pictures), e comprando hotéis e cassinos em Las Vegas, como quem adquire propriedades no jogo Monopólio. Como piloto de testes, bateu recordes e esteve ao lado de beldades do cinema, de Jean Harlow a Jane Russell e Jean Peters.

Mas se manteve um eterno forasteiro solitário. A princípio, tentou comprar amigos e companhia da mesma forma que fazia com imóveis;

depois, já nem tentava mais. Nos últimos 20 anos de sua vida, tornou-se notoriamente recluso e paranóico. Tinha certeza de que era alvo de conspirações malignas. O outrora inconseqüente piloto de testes passou a se sentir tão apavorado por doenças que se confinou em uma célula anti-séptica construída por ele mesmo, uma "zona livre de germes", esperando seus últimos anos passarem, entorpecido por remédios, enquanto assistia a filmes e se recusava a qualquer contato humano, exceção feita a um ou dois de seus mais confiáveis — e, presumivelmente, mais limpos — empregados. Morreu sozinho, sem amigos nem família. Como não deixou herdeiros, seu vasto império foi disputado por uma terrível corja de empregados, parentes e impostores.

Que maneira mais solitária e vergonhosa de viver e morrer para um homem tão rico e poderoso.

As pessoas que, de tão movidas pelo sucesso, chegam a sacrificar suas amizades e sua vida em família para alcançar seus objetivos estão desencaminhadas e jamais conhecerão a verdadeira felicidade. As relações pessoais são essenciais à condição humana e à felicidade. Esses relacionamentos também ajudam no caminho para o sucesso. Parentes e amigos dão a você apoio nos momentos de fraqueza. Esse apoio tão saudável reforça sua energia e perseverança. Também questionam suas decisões e oferecem críticas honestas, ajudando-o a refinar suas idéias e concentrar suas energias.

Compare a vida e o trabalho de Hughes com outro homem extremamente rico, John D. Rockefeller. Esse homem, o maior responsável pela enorme fortuna da família Rockefeller, era homem de negócios e empreendedor até o último fio de cabelo, claramente fadado ao sucesso. Mas nunca deixou de lado sua relação com a família e com a comunidade, e nunca esqueceu que, com uma grande riqueza, vem também a responsabilidade moral de realizar grandes feitos.

John D. Rockefeller foi a força criativa que levou a Standard Oil a dominar a indústria de combustível fóssil na segunda metade do século XIX. Ele acreditava que, ao criar um monopólio na produção e suprimento de querosene, que era utilizado na iluminação de casas, empresas e ruas por todo o país, estaria transformando a sociedade para melhor.

Levou consigo esse mesmo espírito em sua atuação como filantropo extraordinariamente talentoso e dedicado. Durante toda a sua vida, doou mais de meio bilhão de dólares para caridade — uma fortuna colossal naquele tempo. Em outro movimento de igual importância, criou instituições e fundações que continuam retribuindo à comunidade, mesmo muito tempo após sua morte. Entre as instituições que devem a ele sua existência estão a Universidade Rockefeller, a Fundação Rockefeller e os clubes 4-H. Isso é apenas um fragmento de seu impacto duradouro nos campos da educação, saúde, ciência e bem-estar social. (David Rockefeller, seu neto, que foi investidor da StarMedia em seu estágio inicial, deu continuidade à tradição familiar causando, por meio da filantropia, um impacto extremamente positivo nos Estados Unidos e no mundo.)

John D. Rockefeller era um membro devoto da igreja e um homem de família que passou a seus filhos e netos a noção de dedicação a serviços comunitários. Para seus descendentes, assim como para ele, a riqueza e o sucesso pareciam de pouca valia a menos que pudessem ser destinados a um uso produtivo em benefício de todos.

Lembre-se da história de Yolanda e Rogelio Garcia, em Los Angeles. Eles vivem em extrema pobreza, mas eu diria que são tão bem-sucedidos quanto qualquer Rockefeller — e bem mais felizes que Howard Hughes. A família é o centro de sua vida, fonte de sua inacreditável força e de seu espírito indomável. O amor que une Rogelio, Yolanda e seus filhos deu a eles todo o poder de superar os enormes obstáculos em seu caminho e conquistar grandes coisas. Yolanda e Rogelio podem até trabalhar como "catadores de lixo", mas sua vida se enriqueceu além de qualquer medida. São verdadeiros heróis.

O astro do teatro e do cinema John Leguizamo é outro herói latino. Nascido na Colômbia, imigrou para os Estados Unidos com sua família e cresceu como um "latinozinho" pobre nas ruas do Queens, um distrito da cidade de Nova York cuja diversidade de novas populações imigrantes é maior que em qualquer outra parte do mundo. Na infância, suportou ataques racistas de outras crianças da vizinhança, além do divórcio explosivo de seus pais. Ele parece brincar apenas em parte quando diz que desenvolveu seu talento para a comédia como uma "estratégia de sobrevivência" na adolescência, época em que uma boa risada parecia ser a única escapatória para o estresse do dia-a-dia.

Como um jovem e batalhador ator de tevê e cinema, Leguizamo teve de lutar contra o estereótipo étnico que efetivamente restringia atores latinos a papéis de gângsteres e traficantes ao estilo *Miami Vice*. Ele cerrou os dentes e pegou alguns desses papéis (no próprio *Miami Vice* e em filmes como *Uma Segunda Chance* e *O Pagamento Final*), tendo atuado brilhantemente, muitas vezes com improvisações que acrescentavam dimensão humana aos personagens. Ao mesmo tempo, escrevia e estrelava seus próprios monólogos, como *Mambo Mouth* e *Spic-O-Rama*, destruindo estereótipos em apresentações que eram evocações bem-humoradas, inteligentes e tocantes da vida e das famílias de latinos nos Estados Unidos.

Aos 40 anos, Leguizamo já havia se tornado um dos mais bem-sucedidos atores latinos do mundo. Passou a ganhar milhões de dólares para aparecer em sucessos de Hollywood como *Moulin Rouge* e *A era do gelo*, mas manteve-se como a antítese dos astros de cinema, continuando a viver e cuidar de sua família em Nova York, longe do brilho e da agitação de Hollywood. E, para cada sucesso de bilheteria que estrela, Leguizamo escreve, produz, investe, dirige e/ou estrela algum outro filme menor, mais realista, como *Império* ou o sucesso da HBO *Undefeated*, sempre procurando retratar os latinos com uma profundidade e sensibilidade raras no cinema. Nunca se esqueceu de quem é nem de onde veio, manteve-se dedicado à família que o criou (sua mãe é sua contadora e conselheira financeira) e a que está agora constituindo, e ofereceu a todos os latinos dos Estados Unidos um herói e um modelo a seguir.

Em uma de suas músicas, o grupo de *rock* Jefferson Airplane canta uma frase espirituosa: "Nenhum homem é uma ilha. É uma península!"

Trata-se de uma brincadeira acerca de um antigo ditado, mas não deixa de ser uma observação bastante inteligente. Com exceção de alguns eremitas religiosos e um punhado de almas endurecidas e afastadas do convívio humano, nenhum de nós vive como uma ilha, em completo isolamento dos outros. Somos mais como penínsulas, cada um responsável por sua própria vida mas firmemente conectados.

COOPERAÇÃO É CIVILIZAÇÃO

Cem vezes por dia lembro a mim mesmo que minha vida interior e exterior dependem do trabalho de outros homens, vivos ou mortos, e que devo me esforçar para devolver, na mesma medida, o que já recebi e continuo a receber.

— Albert Einstein

A capacidade de cooperar, de trabalhar em conjunto para alcançar muito mais do que qualquer indivíduo pode alcançar sozinho, foi um fator crítico para a sobrevivência e o desenvolvimento da espécie humana. Nossos parentes primatas — orangotangos, chimpanzés e gorilas — tendem a viver em grupos sociais de laços bastante frouxos onde a competição feroz por tudo, de comida a sexo e *status*, é a norma. Geralmente, o comportamento cooperativo parece estar limitado às fêmeas (irmãs que colaboram entre si na coleta de alimentos e no cuidado com os filhotes) e, é claro, às mães e sua prole (pelo menos até que o jovem macaco esteja suficientemente maduro para se defender sozinho e competir por si mesmo).

Cerca de três milhões de anos atrás, nossos ancestrais hominídeos começaram a se organizar a partir de um outro modelo social, que nós reconheceríamos como mais "humano". Aprenderam a cooperar uns com os outros. Os antropólogos sugerem que esse comportamento foi deflagrado pela inclusão da carne em sua dieta. Os hominídeos passavam grande parte do tempo em busca de plantas, raízes e frutos comestíveis. Quando podiam, suplementavam essa dieta vegetariana com carne, que garantia um banquete de proteínas e calorias dificilmente obtido por meio das plantas. Por esse motivo, eram chamados de caçadores-coletores, embora alguns antropólogos digam que o termo mais correto seria coletores-caçadores, já que gastavam muito mais tempo e energia coletando alimentos que caçando.

A caça a animais selvagens era uma proposta absurdamente arriscada. O caçador solitário freqüentemente voltava para casa de mãos vazias — e morto de fome. Eles aprenderam que caçar em grupo aumentava suas chances de sucesso. Quando um grupo bem-sucedido de caçadores voltava para casa, todos repartiam a carne. Assim, todo o grupo se beneficiava desse comportamento cooperativo, desse trabalho conjunto por um objetivo comum que o indivíduo sozinho não conseguiria alcançar.

O desenvolvimento desse comportamento em grupo foi uma revolução social. Caçar em grupo era a antítese da busca e coleta de raízes e frutos, uma incumbência extremamente solitária. Podemos ver isso nos macacos, em cada chimpanzé ou gorila vagando solitário pela floresta, arrancando folhas e frutos e jogando-os diretamente para dentro de sua boca. Não é um sistema que promova colaboração ou compartilhamento. A reorganização da sociedade hominídea segundo padrões mais cooperativos representou a aurora, ou pelo menos a pré-aurora, da civilização.

Os hominídeos gradualmente evoluíram a humanos, que compartilham não apenas comida e trabalho, mas também idéias, conhecimentos e sonhos. Deixamos de ser caçadores-coletores e nos estabelecemos em comunidades agrárias e cidades, onde o comportamento cooperativo é imperativo. Trabalhando em conjunto, realizamos feitos que vão muito além da capacidade de uma única pessoa. Stonehenge (2700-2000 a.C.), a Grande Pirâmide do Egito (2500 a.C.), a Grande Muralha da China (século III a.C.) e os templos maias (200-900 d.C.) continuam a nos causar espanto não apenas pela genialidade da engenharia que exibem, mas como imponentes projetos de obra pública que coordenaram os esforços de milhares de pessoas. Na era moderna, projetos como o canal do Panamá, a represa de Hoover Dam e o programa espacial da NASA também são monumentos à coragem cooperativa do homem.

Obviamente, o mesmo poderia ser dito de homens que trabalham em conjunto com propósitos maldosos, como guerras genocidas. Mas, mesmo nessas trágicas instâncias, um ponto permanece válido: trabalhando em grupo, podemos transcender a capacidade de qualquer indivíduo sozinho — para o bem ou para o mal.

O GRUPO DE APOIO PESSOAL

> *Os amigos para quem você pode ligar às quatro da manhã são aqueles que realmente contam.*
>
> — Marlene Dietrich

O poder do grupo é evidente também em uma escala bem mais pessoal. Pode-se perfeitamente dizer que *ninguém que tenha sido verdadeiramente bem-sucedido e feliz na vida fez isso sozinho*. Dean Karnazes, o atleta de resistência, não corre sozinho suas provas de 320 quilômetros. Sua mulher, filhos e parentes são sua "equipe". Eles o acompanham em uma van ao longo de sua corrida, fornecendo água e comida e, talvez o mais importante, amor e estímulo. Quando a doença de Lou Gehrig roubou de Stephen Hawking a capacidade de falar, sua família e amigos ajudaram-no a continuar a comunicar sua genialidade ao mundo, letra por letra. Não é apenas para posar para fotos que os políticos, quando eleitos, sempre convidam suas mulheres e familiares a subir no palco e comemorar com eles. Eles têm plena consciência de que o apoio e os sacrifícios de seus entes queridos foram essenciais para seu sucesso.

As pessoas definem seus grupos pessoais de apoio de maneiras diferentes. Para uns, é o núcleo familiar. Para nós, latinos, é mais provável que seja a família mais ampla, com muitos primos, tios, tias, cunhados e outros parentes. Alguns se identificam menos com a família em que nasceram do que com um grupo de amizades que foram desenvolvendo. Outros vêem a vizinhança ou a comunidade local como sua "família" ou, talvez, sua "tribo".

Não importa como você o defina, esse grupo o alimenta, o encoraja a ser o melhor possível e o ajuda a alcançar seus objetivos. Em tempos de crise ou necessidade, eles dependem de você e você, deles. São essas as pessoas que o sustentam, que o levam adiante, que o ajudam a ver coisas que você não consegue ver sozinho.

Tenho hoje 37 anos e estou com minha mulher, Ann, há 17. Duvido que tivesse conquistado tudo que tenho e sobrevivido aos pianos de sete toneladas ocasionais sem seu amor e apoio. Espero poder dizer que, da mesma forma, tenha apoiado e ajudado tanto ela quanto nosso filho.

Como todos sabemos, você não escolhe a família em que nasceu. Os filhos, às vezes, magoam seus pais. Às vezes, os pais fracassam lamentavelmente na condução de suas responsabilidades com os filhos. No meu caso, conforme descrevi rapidamente na Introdução, juntamente com minha mãe, fui traído por meu pai. Sua crueldade psicológica com ela era tão grande que ela sentiu que sua única escapatória seria deixar o Uruguai e me levar junto (o que fez sem a permissão dele).

Com oito anos de idade, não havia nada que eu pudesse fazer para evitar que ele a maltratasse. Às vezes, não é possível impedir que as pessoas próximas a você ajam de maneira errada. Mas aprendi muito com essa experiência, e meu relacionamento com meu próprio filho, acredito, é muito mais forte e carinhoso justamente por eu ter sido submetido ao exemplo negativo de meu pai.

Assim como meu casamento, todas as minhas melhores e mais confiáveis amizades são relacionamentos de longa data. Passamos por muita coisa juntos; nossa amizade foi testada, provada e refinada pela vida.

Mas podemos também cultivar maus relacionamentos na escolha dos amigos. Podemos procurar pessoas que sejam erradas ou amizades que satisfaçam alguma necessidade neurótica ou fraqueza em nós em vez de complementarem nossas virtudes. Podemos buscar amizades que criem dependências ou co-dependências, como no caso de uma pessoa com baixa auto-estima que escolhe um parceiro que a intimida e maltrata ou de um jovem que tem medo de estudar para o vestibular e conseguir um emprego que seja melhor do que conduzir uma empilhadeira no armazém e, depois, passar todo o tempo livre bebendo na esquina com amigos sem nenhuma ambição. É muito fácil — e cômodo — juntar-se a pessoas que acreditamos nos aceitar pelo que somos quando, na verdade, o que estão fazendo é falhar conosco como amigos, pois nos impedem de crescer e não nos encorajam a ser o melhor que podemos ser.

Conforme mencionei, não é uma atitude cínica ou egoísta dizer que é preciso escolher as amizades com cuidado. Ainda assim, não importa o quanto você acredite ter tido discernimento, poderá ter deixado que entrassem em sua vida pessoas que o decepcionarão. Não importa quanto amor você lhes dê, suas necessidades e fraquezas irão se sobrepor àquele bem maior. Assim como os membros de uma mesma família, os amigos também nos traem às vezes. É, de fato, uma verdade incontestável que ninguém pode feri-lo mais profundamente que um amigo ou um ente querido, porque eles o conhecem melhor que qualquer outra pessoa e sabem exatamente onde desferir o golpe.

Quando um amigo nos trai, não é porque ele seja necessariamente "mau". Um amigo pode decepcioná-lo devido a suas próprias fraquezas ou simplesmente porque não consegue enxergar o mundo da mesma forma que você. Pode ser também que tenha medo ou alguma falha de caráter que faça com que seja impossível para ele estar lá quando você mais precisa. Todos são capazes de relembrar situações na infância como quando estavam com um amigo, o mais chegado, voltando juntos para casa depois da aula e, ao dobrar a esquina, se depararam com três garotos mais velhos bloqueando a calçada com suas bicicletas. Eles se recusaram a dar passagem, mas você os enfrentou porque estava com seu melhor amigo e ele estaria lá para lhe dar cobertura. Então, quando o maior deles agarra sua mochila e tenta arrancá-la de seu ombro, você se vira para seu amigo... e o vê fugindo, abandonando você a seu próprio destino. Ele não fez isso por ser mau ou por não gostar de você. Fez isso porque era fraco e deixou que seu medo falasse mais alto que sua amizade.

É por isso que os desertores militares são muitas vezes executados. Não porque tenham sentido um medo esmagador — todo soldado sente —, mas porque fugiram e abandonaram seus companheiros.

Na vida civil, não executamos nossos amigos e colegas que, de forma semelhante, nos desertam — como muitas vezes até temos vontade de fazer. É justificável, então, que você queira tirar essa pessoa de sua vida para impedir que ela volte a prejudicá-lo da mesma maneira. Como expus, meus amigos mais próximos são aqueles que foram testados e que se provaram fiéis e dignos de confiança.

Você pode também aprender com a experiência de se decepcionar com um amigo. Analise como deixou de captar os sinais e se enganou a respeito daquela pessoa. O que havia nela, ou em você, que o levou a cometer esse erro? Você pode vir a se tornar mais sábio na escolha de amigos e colegas.

Decepções como essas também acabam por nos aproximar das pessoas em quem podemos confiar. No final, é essencial para seu sucesso na vida aprender a navegar por seus relacionamentos, tanto os positivos quanto os negativos, e a permanecer firme e perseverar na busca de seus próprios objetivos e de sua felicidade.

Por outro lado, ao seguir seu caminho em direção à felicidade pessoal você poderá ter medo de que algumas decisões que venha a tomar sejam vistas como traição por seus amigos ou entes queridos. Imagine um casal de classe média criando seus filhos em uma bela casa em um bairro confortável. Um dia, o marido anuncia: "Querida, sei o que fazer para me sentir realizado. Temos de mudar para a África onde trabalharei como missionário." E se sua esposa não quiser desistir de tudo que construíram juntos para se mudar para a África? E as crianças? Estão felizes na escola, têm amigos — isso seria justo com elas?

A primeira coisa a lembrar é que *você deve a seus amigos e entes queridos, tanto quanto a si mesmo, ser a melhor pessoa possível. Você não estará fazendo a eles nenhum favor contrariando seus verdadeiros desejos e sentindo-se infeliz.*

E se eles forem seus amigos verdadeiros e realmente o amarem, permanecerão do seu lado.

Isso não significa que não o questionarão quando tomar decisões que pareçam radicais. Na verdade, se o amam, *devem* mesmo questioná-lo. Espero que, se um dia acordasse e dissesse a Ann: "Querida, estamos de mudança para a África para trabalharmos como missionários", ela questionasse essa decisão. "Tudo bem, mas por que a África? O que está tentando alcançar? Como?"

Para alcançar o sucesso, é fundamental ter pessoas em sua vida que, porque o amam, querem o melhor para você e não são movidas por interesses, podem ajudá-lo a descobrir se você está, de fato, seguindo o caminho correto. E que, uma vez determinado o caminho, o apóiam em sua busca.

Imagine como Howard Hughes estaria melhor se tivesse a seu redor amigos e entes queridos em vez de se isolar de todo o contato humano em sua "zona livre de germes", onde nenhuma riqueza, fama ou sucesso no mundo dos negócios poderia fazê-lo feliz.

SUA COMUNIDADE

> *Se uma sociedade livre não consegue ajudar os muitos que são pobres, não conseguirá salvar os poucos que são ricos.*
>
> —John F. Kennedy

Em 1961, os americanos vibraram quando o presidente Kennedy lhes disse: "Não pergunte o que seu país pode fazer por você. Pergunte o que você pode fazer por seu país." Kennedy acalentava o ideal de que deveríamos todos olhar além de nós mesmos e de nosso grupo imediato de apoio de amigos e familiares para nos tornar produtivos e colaboradores membros da sociedade. Acreditava piamente que cada um de nós tinha uma dívida de serviço com a comunidade. Compreendia claramente o poder cooperativo da humanidade, que *todos obteremos enormes benefícios se cada um de nós lutar para fazer o melhor possível pela comunidade e, também, por nós mesmos e por nosso círculo imediato de relacionamentos.*

Talvez a mais nobre expressão desse ideal de serviço comunitário seja o Corpo da Paz, fundado em 1961 com inspiração direta em um discurso feito pelo presidente Kennedy a estudantes universitários. O Corpo da Paz interpreta a idéia de comunidade em seu sentido mais amplo: a comunidade da humanidade. Nesses mais de 40 anos, mais de 170 mil americanos doaram voluntariamente seu tempo e suas habilidades a serviço do próximo em 136 países em todo o mundo. No momento em que escrevo estas linhas, cerca de sete mil voluntários estão trabalhando em 70 nações pobres e em dificuldades, entre elas, 13 países da América Latina. (A propósito, o atual diretor do Corpo da Paz, Gaddi H. Vasquez, é o primeiro latino a comandar a organização. Filho de trabalhadores imigrantes mexicanos, nasceu no Texas.)

Alguma coisa aconteceu a esse ideal de serviço comunitário nas décadas que se sucederam aos anos 1960 — a chamada Minha Década dos anos 1970, o "ter ganância é bom" dos anos 1980, e a especulação e grandes riscos de altíssimo retorno dos anos 1990. Muitas pessoas parecem esquecer ou ignorar a dívida que todos temos com a sociedade. Devotar parte de sua vida e energia ajudando os outros chegou quase a ser visto como algo idiota e "fora de moda".

Mas esse tipo de egoísmo e ganância, como afirmei, é realmente autodestrutivo. Sua comunidade forma um grupo de apoio maior que vai além de seu círculo imediato de parentes e amigos. No nível mais básico e óbvio, oferece benefícios e serviços tangíveis a você e a seus entes queridos por meio de escolas, hospitais, bibliotecas, creches, museus, teatros e parques, entre muitos outros. Se ninguém de sua comunidade participar ativamente da manutenção e melhoria desses serviços, a qualidade de vida de todos será afetada.

Embora cada um de nós deva escolher seu próprio caminho na vida, ninguém vive em um vácuo social. Você pode efetivamente alcançar seus objetivos ajudando outras pessoas. Os benefícios mútuos são, muitas vezes, diretos e óbvios. Lembre-se de Laurie, a fotógrafa que criava sozinha sua filha e que decidiu que uma forma de alcançar seu objetivo de tornar-se cineasta era começar a dar pequenos passos para reativar sua carreira como fotógrafa. Realizando trabalhos inusitados e lutando todo mês para pagar o aluguel e colocar comida na mesa para sua filha de dez anos, ainda encontrava tempo para perseguir seu sonho. Começou a participar de eventos noturnos de uma associação de fotógrafos profissionais. Por meio desse grupo, tornou-se voluntária dando aulas extracurriculares de fotografia em uma escola pública de seu bairro. Foi extremamente difícil encontrar tempo para fazer isso, mas ela descobriu que adorava trabalhar com os alunos e que isso lhe dava um imenso prazer e aumentava sua auto-estima, algo tão necessário a ela naquele momento.

Por fim, acabou se beneficiando de forma ainda mais direta. Em primeiro lugar, a escola tinha excelentes instalações de câmara escura e a equipe, mais do que agradecida, lhe cedia o equipamento para que revelasse suas próprias fotografias junto com as dos alunos. Assim, Laurie conseguiu montar o portfólio profissional de que precisava para procurar trabalho como fotógrafa — e de graça! Além disso, a diretoria da escola, especializada em crianças superdotadas, conheceu a filha de Laurie e ficou tão impressionada com ela que conseguiu sua transferência para a escola para que pudesse aproveitar seu programa de aprendizagem intensiva.

Essa não é uma história incomum. Você ficaria impressionado com a freqüência com que isso ocorre, com a forma com que todos se beneficiam ao dar algo em troca à comunidade.

Essa história também demonstra que não é preciso que você faça parte do Corpo da Paz ou se torne missionário para se envolver. *Não importa onde você mora nem o tempo, habilidade ou talento que tem a oferecer, há diversas oportunidades de devolver algo à comunidade.* Pode ser dando aulas ou aconselhamento a jovens em seu campo de atuação, participando de uma organização como a de escoteiros, apadrinhando jovens carentes de alguma instituição, ajudando em sua igreja no preparo de sopa para os sem-teto, trabalhando como voluntário no hospital local ou no centro para idosos, compondo o conselho de uma organização artística, ajudando a organizar eventos para levantar fundos para caridade — são infinitas as oportunidades e você pode facilmente identificar as que são mais adequadas ao tempo de que dispõe e a suas habilidades. Garanto a você que *contribuir com sua comunidade enriquecerá sua vida com recompensas muito mais valiosas que o dinheiro.*

RESUMO

- As pessoas que, de tão movidas pelo sucesso, chegam a sacrificar suas amizades e sua vida em família para alcançar seus objetivos estão desencaminhadas e jamais conhecerão a verdadeira felicidade.

- Ninguém que tenha sido verdadeiramente bem-sucedido e feliz na vida fez isso sozinho.

- Você deve a seus amigos e entes queridos, tanto quanto a si mesmo, ser a melhor pessoa possível. Você não estará fazendo a eles nenhum favor contrariando seus verdadeiros desejos e sentindo-se infeliz.

- Para alcançar o sucesso, é fundamental ter pessoas em sua vida que, porque o amam, querem o melhor para você e não são movidas por interesses, podem ajudá-lo a descobrir se você está seguindo o caminho correto. E que, uma vez determinado o caminho, o apoiarão em sua busca.

- Todos obteremos enormes benefícios se cada um de nós lutar para fazer o melhor possível pela comunidade e, também, por nós mesmos e nosso círculo imediato de relacionamentos. Não importa onde você mora nem o tempo, habilidade ou talento que tem a oferecer, há diversas oportunidades de devolver algo à comunidade. Contribuir com sua comunidade enriquecerá sua vida com recompensas muito mais valiosas que o dinheiro.

EXERCÍCIO: O que posso fazer para ajudar?

Cada um de nós pode contribuir com a comunidade, independentemente da ocupação, história de vida, grau de instrução, habilidades, idade ou qualquer outro fator. Lembre-se de que não há de fato nenhuma desculpa para não se esforçar em ser a melhor pessoa possível. Parte essencial desse processo é dar o melhor de si para aqueles que o cercam. Não pense que você não tem nada a oferecer. Você tem, sim, e é muito fácil encontrar as oportunidades que lhe sejam mais adequadas.

Se você tiver dificuldade em identificar o que pode fazer por sua comunidade, experimente completar o exercício a seguir:

1. Tenho os seguintes talentos, habilidades e/ou conhecimentos a oferecer...

2. O tempo que posso dedicar tranqüilamente toda semana/todo mês para esse trabalho é...

3. Em minha comunidade mais próxima as organizações onde imagino que meu tempo e talento seriam mais adequados e necessários são...

Depois de responder a estas três perguntas tão simples, entre em contato com as organizações que você identificou e ofereça ajuda. Se uma determinada organização não precisar de sua ajuda nesse momento, com certeza saberá indicar-lhe outras com que você possa entrar em contato.

12

DÉCIMO SEGUNDO PRINCÍPIO

Seja humilde

O orgulho precede a queda.

—Provérbios 16:18

Freqüentemente, vemos pessoas — tanto aquelas que alcançam alguma parcela de sucesso quanto aquelas que só ficam assistindo — que confundem, de forma clara, os adornos externos do sucesso com a felicidade verdadeira e a auto-realização. Podem ser ricas e famosas, ter alcançado o auge em seu campo de atuação, mas fracassam onde realmente conta, ou seja, como seres humanos. E são essas as pessoas que têm maior probabilidade de deixar que "o sucesso lhes suba à cabeça", o que leva, inevitavelmente, a maus resultados.

ARROGÂNCIA E HUBRIS

Os seres humanos são animais sociais. Ansiamos pelo contato com os outros. É muito raro ver um ser humano que consegue se isolar do contato humano e continuar a ser feliz, ou, até mesmo, são. Psicólogos já enumeraram vários tipos de comportamentos neuróticos e autodestrutivos que surgem da falta de contato humano. A solidão é a maior causa dos suicídios.

Como seres sociais, parece que temos um desejo nato pela estima e aprovação dos outros. Nossa auto-estima está ligada à forma como somos vistos por aqueles que nos cercam. O psicólogo Alfred Adler chamou esse forte desejo de "interesse social". Como todos os desejos, ele pode ser expresso de forma sadia ou neurótica, distorcida. Adler afirmou que isso surge quando ainda somos bebês e durante a primeira fase da infância, quando a criança anseia pela atenção da mãe e por sua aprovação. À medida que cresce e vai se integrando a uma comunidade mais ampla, busca o respeito de outras pessoas fora do restrito círculo familiar. Em indivíduos sadios, o interesse social é parte do que os impulsiona a se destacar e a ser o melhor possível. Gostamos de receber a estima dos outros quando estamos dando o melhor de nós mesmos, tanto como indivíduos quanto como membros de nossa comunidade.

Adler dizia que alguns indivíduos têm dificuldade de desenvolver-se além do estágio infantil e de integrar-se à sociedade. Nesse tipo de pessoa, o desejo de ser o melhor possível e de ganhar o respeito dos que a rodeiam é distorcido e transforma-se em uma necessidade neurótica de sentir-se *superior* aos outros, de exigir tratamento especial em vez de respeito — de ser "mais" do que os outros. São exatamente essas pessoas que confundem os adornos externos de sucesso e felicidade com o sucesso e felicidade verdadeiros. Geralmente, tentam compensar a falta de auto-estima e sentimentos de inferioridade com sinais externos de sucesso — riqueza, fama, poder, aquisições insensatas, chance de "mandar em todos" — e com a falsa noção de superioridade que essas coisas trazem consigo. Você se lembra do bilionário do Capítulo 2, que parecia desesperado em provar a todos como era bem-sucedido construindo a maior mansão na Costa Leste dos Estados Unidos? E, ao fazê-lo, ganhou a repugnância e desaprovação de todos que esperava impressionar? Tal projeto nada tinha a ver com um "lar". Estava mais ligado a um enorme e ofuscante sintoma da falta de respeito a si mesmo.

Um dos desafios que as pessoas podem vir a enfrentar ao se tornarem sucesso público, como aconteceu comigo, é distanciar-se dos outros. As interações humanas usuais tornam-se forçadas. As pessoas começam a tratá-lo de maneira diferente e a esperar que você também aja de maneira diferente. Algumas pessoas sentem-se atraídas por você, não pelo que você é mas pelo que representa — dinheiro, poder, fama, oportunidade. Você se torna um reflexo dos desejos e expectativas dessas pessoas. É uma experiência profundamente desumanizadora.

À medida que fui atingindo o sucesso, as pessoas começaram a me tratar com um nível de deferência com o qual não me sentia à vontade. De repente, não me deixavam carregar minhas malas nos aeroportos ou hotéis. Eu era um homem rico com pouco mais de 30 anos. Sempre carreguei minhas próprias malas. Mas, agora, tinha aquelas pessoas à minha volta o tempo todo tirando minhas malas de mim — como se tivesse me tornado bom demais para carregá-las eu mesmo.

As reuniões de negócios passaram também a ter um tom novo e estranho. Cada vez mais, ter a chance de me conhecer passou a ser um "privilégio". As pessoas que trabalhavam comigo começaram a hesitar quando precisavam simplesmente conversar sobre algum assunto — passaram a preparar apresentações. Minha interação com elas tornou-se muito artificial. Jornalistas, investidores em potencial ou parceiros de negócios entravam em minha sala como se estivessem indo a uma audiência com a realeza. Tudo ficou cheio de cerimônias. Era extremamente embaraçoso relacionar-me com os outros assim. Sentia que tinha deixado de ser o Fernando Espuelas, o empreendedor, e passado ao papel de Fernando Espuelas, a personalidade de mídia que havia sido elogiada pela *Time*.

Nesse tipo de ambiente, fica fácil para a pessoa começar a se achar o máximo. A imagem distorcida que os outros têm de você pode distorcer sua personalidade. Você pode realmente começar a se considerar superior às outras pessoas, e, conseqüentemente, achar que pode maltratá-las ou abusar delas. Começa a acreditar em sua própria genialidade, infalibilidade, invulnerabilidade — começa a acreditar que não "erra nunca".

Essas idéias são perigosas. A arrogância é autodestrutiva. *A arrogância o desconecta das outras pessoas e de sua própria condição humana.* Você se esquece de que não se tornou um sucesso sozinho, mas sim com a ajuda e apoio dos outros — sua família e os seus amigos, mentores e conselheiros, parceiros e funcionários. À medida que se isola, afasta-se das idéias úteis dessas pessoas, de suas respostas honestas, de seu senso crítico e de todas as informações e conselhos que elas podem lhe dar. É uma forma certa de construir seu próprio fracasso, de cometer alguma falha ou erro de julgamento que poderia ter sido facilmente evitado se tivesse dado ouvido aos outros e se mostrado aberto a suas opiniões e conselhos honestos.

Os maiores dramaturgos da Grécia antiga conheciam bem os perigos desse tipo de arrogância. Ainda usamos uma palavra do vocabulário daquele tempo para recriminar o orgulho: hubris. Em *Oedipus Rex*, Édipo, o rei, passa a sentir-se tão seguro de sua genialidade e sabedoria que se recusa a ouvir os conselhos ou avisos dos outros, mesmo os do famoso adivinho e profeta Tirésias. Teimosamente, segue seu próprio caminho, e, ao fazê-lo, arruína a si mesmo e a sua família. No final da peça, leva sua mãe ao suicídio e acaba como um pedinte cego. Em *As Bacantes*, o Rei Penteu é tão arrogante que desrespeita claramente Dionísio, um de seus deuses. Grande erro: Penteu acaba tendo seus membros cortados pelos seguidores do deus.

Ao desconectar-se dos outros, você perde sua própria condição humana. *O hubris e a arrogância o reduzem a algo menor do que um ser humano: você se torna uma caricatura de si mesmo.*

Nenhum líder da história moderna fez de si mesmo uma caricatura de arrogância e poder tão visível quanto Benito Mussolini, o ditador fascista italiano e aliado próximo de Adolf Hitler. Mussolini, que era editor de um jornal e rebelde político, conquistou o poder absoluto em 1922 quando as instituições democráticas da Itália entraram em colapso no início da Primeira Guerra Mundial. Sendo uma pessoa já extremamente vaidosa e egoísta, com o poder absoluto transformou-se em um egomaníaco incondicional. Alguns dos mais famosos filmes sobre o ditador retratam-no em um palanque em Roma, vangloriando-se da adulação das massas que o aclamavam. Com os braços cruzados sobre o peito e o queixo e o lábio inferior projetados para a frente, e com um olhar de auto-satisfação psicopata, se parece mais com um personagem de histórias em quadrinhos do que com uma pessoal real, o epítome de um hubris imperioso.

Como o bilionário que constrói um castelo para si mesmo, Mussolini era a mostra visivelmente simbólica de sua superioridade — o que um crítico chamou de "brutalismo arquitetônico". Mussolini adorava fazer com que um encontro com ele parecesse uma audiência com um deus. No amplo palácio em Roma de onde governava, sua mesa ficava no fim de um corredor que, de tão longo, parecia não ter fim. Os que eram chamados para falar com ele tinham de percorrer toda essa distância enquanto ele ficava sentado à sua mesa, em postura arrogante. Quando finalmente chegavam a uma distância em que era possível falar, as pessoas certamente já se sentiam acovardadas.

Não surpreende o fato de que, assim que a aliança entre Mussolini e Hitler mergulhou a Itália em uma derrota desmoralizante, as mesmas massas que o haviam ovacionado em seus dias de glória transformaram-se em protagonistas de rebeliões sangrentas. Foi expulso do poder em 1943, e teve de recorrer à misericórdia de seus protetores nazistas. Em 1945, quando os nazistas não puderam mais lhe dar proteção, italianos furiosos o pegaram quando ele tentava escapar pela fronteira com a Suíça. Executaram-no e penduraram-no pelos tornozelos em praça pública, exibindo seu corpo como faziam os pescadores quando pegavam um tubarão. É uma imagem repugnante, mas é fácil entender como milhões de pessoas, cuja vida tornou-se miserável devido à arrogância desse monstro, sentiram satisfação ao ver o terrível fim do ditador.

A história é repleta de exemplos como esse. O aliado de Mussolini, Adolf Hitler, que mantinha uma postura de auto-satisfação grotesca enquanto orquestrava a extinção de dezenas de milhões de pessoas, acabou acovardado em um abrigo subterrâneo enquanto seus inimigos reduziam a Alemanha a cinza e pó. Após seu suicídio, seu corpo foi jogado em uma fossa e queimado como lixo. Durante a Revolução Francesa, uma geração inteira de membros da realeza e da nobreza, que viveram em meio a um luxo extraordinário enquanto camponeses passavam fome, foram guilhotinados diante de multidões eufóricas formadas por esses mesmos camponeses.

Essas histórias também ilustram como a *arrogância gera inimigos*. A arrogância é uma eficiente fábrica que produz uma energia negativa que se espalha por todas as facetas de sua vida. Querer ver um arrogante se dar mal é algo inato da natureza humana. O termo para isso é *schadenfreude*, palavra em alemão que significa regozijar-se com a desgraça alheia. As pessoas simplesmente pensam como seria divertido e satisfatório ver tal pessoa enfrentando uma grande desgraça. Algumas pessoas levam essa idéia de *schadenfreude* adiante e tentam arquitetar tal queda — vêem isso como uma missão, em que devem cumprir o papel de agente na derrota daquela pessoa.

Atualmente, nos Estados Unidos, não decapitamos mais líderes fracassados nem penduramos os corpos, mas continuamos a sentir satisfação em vê-los desmoronar. O político vaidoso exposto a um escândalo, o ganancioso corretor da Bolsa sendo preso acusado de fraude, a celebridade egoísta ou a *socialite* arrogante passando por alguma situação constrangedora — todas essas situações evocam *schadenfreude*. Revistas e canais de tevê inteiros parecem ter sido criados com o único propósito de reduzir pessoas famosas e bem-sucedidas a nada e a dar destaque especial a escândalos envolvendo seu casamento, vida sexual, vícios e assim por diante.

Todos conhecemos figuras bem-sucedidas que abusam de seus funcionários, que são rudes com pessoas que consideram inferiores e assim por diante. Há um ditado que diz que devemos ser cautelosos com o modo como tratamos as outras pessoas em nossa escalada para o sucesso, pois um dia as encontraremos quando estivermos fazendo o caminho de volta. Quando você erra ou escorrega e precisa da ajuda dessas pessoas, elas certamente lembrarão como você as maltratou. *A arrogância é a insegurança que envolve o poder.* As pessoas arrogantes demonstram a seus inimigos que são fracas e vulneráveis a ataques.

Uma característica das pessoas arrogantes é que elas acreditam que seu atual nível de sucesso, qualquer que seja, é garantido e permanente. Esquecem que a vida toda é mudança e que ninguém pode prever o futuro. Elas se convencem de que, já que alcançaram algum sucesso, serão sempre bem-sucedidas. Começam a se achar invulneráveis e infalíveis.

Mas, como todos sabemos, vida *é* mudança. Nunca se sabe quando o piano de sete toneladas cairá sobre nós, vindo de um céu aparentemente claro e azul. *Pessoas arrogantes e convencidas são as* menos *capazes de lidar com mudanças e desafios.* Se cometem um erro ou passam por algum fracasso, encaram essa situação de uma maneira muito pior do que deveriam, pois não estão mentalmente preparadas para isso. O orgulho desmedido cria um ego precário e frágil. Tornam-se tão convencidas de sua própria infalibilidade que, ao cometer um erro, isso se torna um golpe de enormes proporções para sua auto-imagem e confiança. Já não têm mais a flexibilidade e a abertura que tinham quando alcançaram o primeiro sucesso, que são tão necessárias agora para enfrentar esse imprevisto.

Conheço muito bem a natureza fugaz do sucesso. Quando a StarMedia estava em seu auge, poderia ter facilmente sucumbido ao hubris e à arrogância. A pequena empresa que fundei baseada em nada mais do que uma visão e uns cartões de créditos endividados desabrochou e tornou-se uma das maiores empresas de Internet do mundo — e, literalmente, mudou a sociedade latino-americana. Aos 30 e poucos anos, eu era um empresário famoso, um dos "Líderes do Milênio", segundo a *Time*. Minha fortuna chegava a meio bilhão de dólares.

Mas tudo mudou. Quando a Internet, Wall Street e a economia global recuaram, conjunta e mais ou menos simultaneamente, pianos de sete toneladas caíam sobre minha cabeça todos os dias. O fim da StarMedia foi um forte golpe para mim. Se tivesse acreditado demais em mim, se estivesse convencido de que era um gênio que não comete erros, não sei se teria sobrevivido àqueles acontecimentos cataclísmicos. Duvido se teria tido a resignação para aceitar aqueles acontecimentos pelo que realmente representavam — novos desafios em minha vida e novas oportunidades de criar algo ainda maior do que havia alcançado até então.

CICLOS DE HUMILDADE

Sabemos que a vida é uma viagem, repleta de mudanças e desafios, altos e baixos. Nenhum estágio em nossa vida é permanente. O sucesso vem depois do fracasso; o fracasso, depois do sucesso. Como é mesmo aquela canção de Frank Sinatra? Às mil maravilhas em abril, tudo por água abaixo em maio.

Mas não é só isso. Dado que a vida é uma viagem, é crucial lembrar-se de que nenhum nível de sucesso é "insuperável". Nunca se deve parar de crescer e de lutar para aprimorar-se. Nunca se deve concluir: "Bom, é isso. Ser professor-assistente de cálculo em uma faculdade é o melhor que posso conseguir. Nunca irei mais longe do que isso." Isso porque você pode *sempre* fazer melhor, pode sempre se aprimorar. Nenhum ser humano é completo e perfeito. Somente os deuses são.

Alcancei o que muitas pessoas teriam considerado um sucesso extraordinário em várias etapas de minha vida. Se tivesse simplesmente decidido, quando estava bem na Ogilvy & Mather ou na AT&T, que havia conseguido tudo de que era capaz, que não havia necessidade de buscar mais, nunca teria criado a StarMedia e feito com que tantas pessoas se beneficiassem com seu impacto positivo. Se tivesse decidido que a StarMedia era o melhor que poderia fazer, não teria criado a VOY.

A verdade é que não sei o quanto posso alcançar. Nem você sabe. Espero nunca chegar ao ponto de pensar: "É isso, conquistei tudo o que sou capaz de conquistar." Espero nunca parar de me desafiar a crescer e a alcançar degraus mais altos. E espero o mesmo de você.

Entender que você nunca será perfeito e que sempre poderá alcançar mais é o oposto do falso orgulho e convencimento: é humildade. A humildade possibilita que você continue a crescer, a aprender, a expandir seus horizontes e a enfrentar novos desafios.

A humildade também o ajuda a enxergar e aceitar sua falibilidade e vulnerabilidades. Permite que você admita seus erros e aprenda com eles. Não importa o quanto se considere bem-sucedido, você nunca se esquece de que chegou lá com a ajuda e o apoio de muitas outras pessoas — aqueles que ama, seus colegas, mentores e conselheiros. Mantém-se aberto às opiniões, idéias e críticas deles, e, desta forma, continua a aprimorar-se e a melhorar seu desempenho no mundo.

A humildade o ajuda a não confundir arrogância com autoconfiança. Como Adler destacou, a arrogância realmente trai uma *ausência* de autoconfiança. É um sinal de fraqueza. Humildade e respeito pelos outros são sinais de força.

Lembre-se da história do rei Juan Carlos da Espanha, que pediu desculpas ao jornalista por seu atraso. Juan Carlos assumiu o poder depois de a Espanha ter enfrentado a ditadura do generalíssimo Francisco Franco durante 40 anos. Juan Carlos vivenciou o estilo de liderança altiva e despótica de Franco (Franco se autodenominava "El Caudillo", assombrosamente parecido com o "Il Duce", de Mussolini), e quando assumiu o trono após a morte do ditador, em 1975, tornou-se um tipo diferente de líder. Tinha a sabedoria e humildade para entender que um bom rei serve a seu povo, não o contrário. Juan Carlos é respeitoso com os outros e, dessa forma, conquista o respeito alheio. Diferentemente de Mussolini e de Franco, não exige obediência absoluta; ele é, por mais estranho que pareça, um monarca que supervisionou e foi, cuidadosamente, responsável pelo renascimento da democracia em sua nação.

A humildade foi característica de um outro tipo de rei — Elvis Presley. Elvis foi (e é) uma das pessoas mais famosas do mundo. Em vida, foi certamente a maior celebridade do mundo. Passados mais de 25 anos após sua morte, continua a ter uma ampla gama de seguidores, sendo que os mais devotados continuam a venerá-lo como se estivessem cultuando um deus secular, com relicários, histórias milagrosas e peregrinações a Graceland (o único local nos Estados Unidos que recebe mais visitas do que Graceland é a Casa Branca).

Apesar de tudo isso, Elvis manteve-se humilde por toda a vida. Nunca se esqueceu de que nasceu em um casebre nos arredores do Mississippi e de que era motorista de caminhão quando gravou seu primeiro disco. Sempre soube que, não fosse por seus fãs, estaria ainda dirigindo um caminhão. Elvis demonstrou a gratidão que tinha pelos fãs de inúmeras maneiras. Nunca deixou de ser educado com todos, chamando-os de "senhor" e "senhora", independentemente de quem eram ou da posição que ocupassem na vida. Nunca recusou um autógrafo a um fã (compare com a estrela de cinema de Hollywood que, recentemente, foi parar nas colunas de fofocas por ter cobrado de seus fãs 50 dólares, em dinheiro, por um autógrafo). Elvis era instintivamente generoso com sua família, amigos e funcionários, e doou uma parcela enorme de sua riqueza em forma de dotes a várias casas de caridade. Estima-se que tenha acumulado quatro bilhões de dólares durante sua vida e que tenha doado metade dessa fortuna.

Alguns podem admirar pessoas arrogantes que se agarram aos adornos externos do sucesso pelo que conquistaram, porém, essas pessoas nunca são respeitadas e podem até mesmo ser desprezadas. Certamente, não conseguirão o apoio e a ajuda dos outros quando mais necessitarem deles.

Aqueles que demonstram respeito pelas outras pessoas ganham, em troca, o respeito delas.

Aonde você chegará na vida depende do quanto tiver sido carinhoso com os jovens, piedoso com os idosos, solidário com os batalhadores e tolerante com os fracos e os fortes. Porque um dia em sua vida você terá sido tudo isso.

— GEORGE WASHINGTON CARVER

COMPAIXÃO

Quando a Alemanha foi derrotada na Primeira Guerra Mundial, os vitoriosos Aliados reuniram-se com os líderes alemães no Palácio de Versalhes, nos arredores de Paris, para negociar os termos da paz. A Alemanha havia começado a guerra que, em quatro anos, tinha desencadeado níveis apocalípticos de morte e destruição em toda a Europa. Os Aliados não estavam nem um pouco propensos a ser generosos e compassivos com o inimigo derrotado. O Tratado de Versalhes, que os alemães assinaram sob protesto, em 1919, tinha o suposto objetivo de evitar que a Alemanha viesse a ser uma ameaça militar para os países vizinhos. Os termos do tratado, no entanto, tinham também a intenção óbvia de punir o povo alemão pelo cataclismo que havia causado. Falando claramente, o que os Aliados queriam era vingança.

E, apesar do receio de muitas mentes mais frias, entre as quais Churchill, eles se vingaram. A Alemanha não apenas se viu reduzida em termos militares, mas perdeu terras, foi forçada a admitir sua culpa de forma humilhante e obrigada a pagar aos Aliados valores tão altos para reparar seu erro que a economia do país foi à ruína. Mergulhou em uma depressão econômica brutal na década de 1920. Isso, por sua vez, resultou em caos político e social.

Esse ambiente de decadência social, de extrema pobreza e de persistente humilhação em todo o país mostrou-se o contexto perfeito para o surgimento de uma das figuras mais brutais da história, Adolf Hitler. Ao buscar vingança contra seus inimigos, os Aliados plantaram, estupidamente, as sementes da Segunda Guerra Mundial e todos os horrores desencadeados por Hitler.

Em 1945, quando os Aliados venceram novamente a Alemanha, Winston Churchill deu o sábio conselho de se prestar atenção à lição do Tratado de Versalhes. Defendeu: "Na guerra, resolução; na derrota, desafio; na vitória, magnanimidade; na paz, boa vontade." Em vez de buscar vingança e criar novos inimigos, os Aliados demonstraram compaixão pelo povo alemão (os líderes foram levados a julgamento) e garantiram que a Alemanha se tornasse um membro pacífico e produtivo da sociedade européia.

Magnanimidade é uma forma de compaixão. A compaixão tem sido definida como a capacidade de ver o que os outros vêem, ouvir o que os outros ouvem, sentir o que os outros sentem. Outro termo para isso é empatia. Ou amor.

A compaixão é um componente crucial do sucesso. Não importa que nível de sucesso você tenha alcançado, não pode nunca permitir que ele o convença a se achar superior aos outros. Você nunca deve se esquecer de onde veio e de quem o ajudou a alcançar o que tem. Se o seu sucesso significa, de alguma forma, o fracasso de alguém — seja ter vencido uma partida de xadrez ou ter fechado um lucrativo contrato para reconstruir o parque da cidade —, tem de se lembrar sempre como se sentiu quando *você* perdeu uma disputa, e ser magnânimo com relação à sua vitória.

Se não por outro motivo, você tem de ser compassivo nem que seja por interesse próprio. Nunca se esqueça de que, embora seja bem-sucedido hoje, amanhã pode fracassar, ou sentir a necessidade de lutar por mais sucesso ainda. É puramente autodestrutivo criar inimigos entre pessoas que poderiam vir a ajudá-lo uma próxima vez.

Conheço essa lição por experiência própria. Quando a StarMedia cambaleou e decidi criar a VOY, descobri que muitas pessoas que haviam convivido comigo de várias maneiras durante o período áureo da StarMedia estavam dispostas e prontas a me ajudar e a apoiar meus esforços. Meu comportamento durante os anos bem-sucedidos da StarMedia gerou amigos e apoiadores, não inimigos. Felizmente, nunca deixei que o sucesso me subisse à cabeça. Nunca me esqueci de que comecei como um imigrante sem um tostão. Lembrar quem você realmente é e de onde veio é uma ótima maneira de evitar uma autovalorização excessiva, de não destratar os outros e de não criar inimigos.

REVISÃO

- Não deixe que o sucesso suba à cabeça. A arrogância o distancia das outras pessoas e de sua própria condição humana. O hubris e a arrogância o reduzem a algo menor do que um ser humano: você se torna uma caricatura de si mesmo.

- A arrogância gera inimigos. Querer ver um arrogante se dar mal é algo inato da natureza humana.

- A arrogância é a insegurança que envolve o poder. As pessoas arrogantes demonstram a seus inimigos que são fracas e vulneráveis a ataques.

- Pessoas arrogantes e convencidas são as *menos* capazes de lidar com mudanças e desafios.

- Assim como acontece com a verdade e a honestidade, aqueles que demonstram respeito pelas outras pessoas ganham, em troca, o respeito delas.

EXERCÍCIO: Arrogância e humildade

Faz parte da natureza humana perceber a arrogância nos outros mais facilmente do que em si mesmo. Responda Verdadeiro ou Falso às perguntas a seguir, sendo o mais honesto possível. Mostre então suas respostas a um amigo ou a uma pessoa próxima que o conheça bem e em cuja opinião você confie. Até que ponto eles consideram suas respostas certas?

1. Não consigo me sentir realmente bem com algo que alcanço a menos que os outros vejam o que alcancei e me elogiem.

2. Sinto uma necessidade constante de "me provar" aos outros.

3. Eu me saio bem em disputas, pois gosto de sentir que sou melhor que os outros.

4. Sempre que disputo algo, vencer é tudo; e tento vencer a todo custo.

5. Quando estou disputando algo com os outros, os vejo como inimigos.

6. Se perco uma disputa, aceito os resultados sem problemas e parabenizo o vencedor pela conquista.

7. Quando ganho uma disputa, não sou indelicado com os que perderam e tento me colocar no lugar deles.

8. Quando ganho uma disputa, o que mais me deixa feliz é saber que derrotei os outros.

9. Quando sou bem-sucedido em um esforço, gosto de me vangloriar e me gabar disso. Não me importa como os outros se sintam. Se não gostaram, é porque não passam de "perdedores magoados".

10. Quando sou bem-sucedido em um esforço, sempre dou valor aos que me ajudaram e me deram apoio.

11. Quando vejo o sucesso dos outros, fico geralmente com raiva e acho que eles não o merecem.

12. Quando vejo o sucesso dos outros, fico torcendo por seu fracasso.

13. Quando cometo um erro, admito e aceito a responsabilidade por ele.

14. Quando cometo um erro, sei ouvir críticas e conselhos construtivos.

15. Adoro a sensação de ter poder e controle sobre os outros.

16. Quando estou em uma posição de poder ou liderança, o sucesso de toda a equipe é tão importante para mim quanto meu sucesso pessoal.

17. Quando estou em uma posição de poder ou liderança, geralmente tenho a paranóia de que os que estão abaixo de mim me invejam e conspiram contra mim.

Posfácio

SUA JORNADA
COMEÇA AGORA

Certa vez, após uma semana difícil, disse suspirando a uma conhecida: "A vida pode mesmo ser complicada."

"É verdade", ela me respondeu, "a vida é um inferno. Mas, depois dela, há um lugar melhor."

É lógico que essa resposta chamou minha atenção. Primeiramente, se você realmente acha que a vida é um inferno, há um problema com a maneira como está vivendo. E se sua vida é um inferno e *você não faz nada a esse respeito*, está fazendo um grande mal a si mesmo e ao mundo.

Expliquei a ela minha filosofia, descrita no Capítulo 1, sobre os perigos de adiar a felicidade para um momento muito distante. Falei sobre a importância de considerar cada dia um bem precioso que devemos aproveitar, sobre o fato de devermos isso a nós mesmos e também às outras pessoas da sociedade e sobre tentar sermos o melhor possível cada dia de nossa vida.

"Não sei o que acontece após a morte", disse a ela. "Mas mesmo que haja um 'lugar melhor depois', você não tem o dever consigo mesma de ter feito tudo que poderia para fazer *deste* um mundo melhor enquanto vive nele?"

"Mas como posso saber o que devo fazer?", ela me respondeu. "E se nem ao menos eu souber o que quero fazer? Só sei que não sou feliz. O que mais pode estar esperando por mim? Como posso chegar lá?"

Escrevi este livro para ela. E para todos que se encontram em um estado semelhante. Porque sua vida não deve ser um inferno. E, se é assim que você se sente, sua vida pode e deve mudar.

Espero que ao ler este livro você venha a entender que *é capaz* de alcançar a felicidade e o sucesso. Que pode buscar a felicidade agora mesmo, hoje, em vez de adiá-la para uma data futura. E espero que você perceba que deve buscar a felicidade a cada dia de sua vida, e que deve isso a si mesmo, aos que ama e à sua comunidade.

Ao iniciar sua jornada, é importante entender que o sucesso e a felicidade não são um estado distante, estático e passivo que você pode alcançar em determinado momento e, em seguida, deixar de buscar. A felicidade não é uma viagem permanente da vida. A questão é a viagem em si, não o destino. Felicidade é crescimento, mudança e progresso. Nenhuma vida é completa e ninguém é perfeito.

Sua vida, seus talentos, seus sonhos, quem você é e o que pode alcançar neste mundo — a soma de tudo isso é um dom precioso. Espero que este livro lhe sirva de inspiração para que, de alguma forma, faça o melhor uso possível desse dom, para si mesmo e para aqueles que o cercam. Se aceitar o desafio de ser a melhor pessoa possível, asseguro que sua jornada será repleta de emoção, alegria e recompensas profundamente satisfatórias.

A hora é agora.

VOY, *vou*.

Sobre o autor

Fernando Espuelas é o fundador da VOY, uma empresa que atua nos segmentos de televisão, filmes, publicações, música e Internet. A principal mensagem da VOY é que a auto-realização e o otimismo são as chaves para o sucesso e para a satisfação pessoal.

Com o histórico de ter criado marcas mundialmente reconhecidas, de ser um grande defensor da capacitação dos latino-americanos e de buscar conectá-los, Espuelas foi co-fundador, presidente do conselho e CEO da StarMedia Network, uma empresa de Internet pioneira voltada ao público de língua portuguesa e espanhola no mundo todo. Na StarMedia, estabeleceu uma rede que superou as barreiras nacionais e que veio a tornar-se a marca de Internet mais conhecida na América Latina, atendendo 25 milhões de usuários no mundo todo.

Por ser um líder de grande visão, Espuelas ganhou reconhecimento internacional. A revista *Time* o homenageou como um dos "Líderes do Milênio", além de ter sido reconhecido como um líder empresarial "2000 All-Star" pela Crain's New York Business. O Fórum Econômico Mundial o incluiu entre sua elite de "Líderes Globais do Futuro", além de ter recebido o respeitado prêmio Bravo, da revista *Latin Trade*. Espuelas vive em Nova York.

Para mais informações, visite *www.voygroup.com*

OUTROS TÍTULOS PUBLICADOS PELA BESTSELLER:

OS 7 HÁBITOS DAS PESSOAS ALTAMENTE EFICAZES — EDIÇÃO REVISTA
Stephen R. Covey
Em *Os 7 hábitos das pessoas altamente eficazes*, considerado o livro de negócios mais influente do século XX, estão contidos os princípios fundamentais da eficácia humana – sete hábitos básicos e primordiais que representam a interiorização dos princípios corretos, nos quais estão baseados o sucesso e a felicidade duradoura. Nos novos prefácio e posfácio, Stephen R. Covey mostra por que estes hábitos permanecem essenciais à realização na vida pessoal e na profissional. Seu objetivo é inspirar, elevar e oferecer ferramentas para a mudança e o desenvolvimento de pessoas e organizações no mundo inteiro.

O DNA DO SUCESSO
Jack M. Zufelt
Considerando crenças populares sobre o que é sucesso e como ele pode ser alcançado, o autor mostra que as ferramentas para atingi-lo não podem ser encontradas em uma técnica ou metodologia específica, mas estão dentro de cada um – todos possuem o DNA do sucesso e são capazes de atingir seus objetivos na vida. Com histórias reais, depoimentos, dicas e conselhos comprovados, Zufelt ensina a agir de modo eficiente na busca por seus Desejos Essenciais.

ONDE ESTÁ O GORILA?
Richard Wiseman
O gorila é uma poderosa e divertida metáfora para o que o autor chama de "pontos cegos psicológicos", que nos impedem de enxergar a solução óbvia para um problema aparentemente difícil. O autor ensina como aumentar sua percepção para descobrir excelentes oportunidades e aproveitar as chances que aparecem de modo inesperado. Aprimo-

rando sua capacidade de identificar as chances a sua volta, você poderá começar um negócio rentável ou até mesmo encontrar o parceiro ideal.

Você quer, você pode
Barry Siskind

Este livro apresenta sete estratégias eficientes para resgatar os princípios básicos do bom-senso e alcançar a mais plena realização pessoal. Ao seguir o programa proposto, você verá como construir uma carreira vitoriosa, como manter relações afetivas e familiares felizes e, principalmente, como interagir na comunidade para realmente construir um mundo melhor.

A quinta disciplina
Peter M. Senge

Neste livro são definidas as características da "organização que aprende", na qual as pessoas expandem continuamente sua capacidade de alcançar os resultados que desejam, tornando-se as principais responsáveis pelos processos de mudança. A fusão de teoria e prática ensinadas pelo autor leva o todo de uma organização a ser mais eficaz que a soma de suas partes. *A quinta disciplina* é leitura obrigatória para os que buscam a excelência nos negócios.

Você pode adquirir os títulos da EDITORA BESTSELLER por Reembolso Postal e se cadastrar para receber nossos informativos de lançamentos e promoções. Entre em contato conosco:

mdireto@record.com.br

Tel.: (21) 2585-2002
Fax.: (21) 2585-2085
*De segunda a sexta-feira,
das 8h30 às 18h.*

Caixa Postal 23.052
Rio de Janeiro, RJ
CEP 20922-970

Válido somente no Brasil.
Consulte mais informações em nosso site:
www.editorabestseller.com.br

Este livro foi composto na tipologia Minion, em corpo 12/15,
impresso em papel off-white 80g/m², no Sistema Cameron
da Divisão Gráfica da Distribuidora Record.